多学科融合下的
小学课例研究

张　艳／主编

中国出版集团　现代出版社

图书在版编目（ＣＩＰ）数据

多学科融合下的小学课例研究 / 张艳主编. -- 北京：
现代出版社，2023.9
ISBN 978-7-5231-0518-4

Ⅰ. ①多… Ⅱ. ①张… Ⅲ. ①课程－教案（教育）－研
究－小学 Ⅳ. ①G622.3

中国国家版本馆CIP数据核字（2023）第165665号

作　者	张艳
责任编辑	姜军

出 版 人	乔先彪
出版发行	现代出版社
地　址	北京市安定门外安华里504号
邮政编码	100011
电　话	(010) 64267325
传　真	(010) 64245264
网　址	www.1980xd.com
印　刷	北京政采印刷服务有限公司
开　本	710mm×1000mm　1/16
印　张	11.75
字　数	244千字
版　次	2023年9月第1版　2023年9月第1次印刷
书　号	ISBN 978-7-5231-0518-4
定　价	58.00元

目录

上 篇
多学科融合的理论研究

语文学科理论研究 ·· 2

  领会编者核心意图，落实教材育人目标 ································· 2

  小学语文阅读教学创新策略分析 ·· 5

  落实部编版小学语文单元目标的方法初探 ····························· 8

  读写一体，双线并行 ·· 11

  浅谈小学语文有效背诵的策略与方法 ································· 14

  戴望舒诗歌中的乡愁 ·· 17

  浅谈"双减"政策下小学语文课堂作业设计研究 ················ 20

数学学科理论研究 ·· 24

  小学"数学好玩"活动策略探究 ·· 24

  小学数学教学中防止学生两极分化的思考 ························· 26

  低年级学生计算题的错因与分析 ·· 29

  浅谈小学高段"数学好玩"之"综合与实践"教学设计 ········ 31

英语学科理论研究 ·· 34

  浅谈如何提高学生的英语阅读与写话能力 ························· 34

  基于单元整体的小学中年级英语绘本教学研究 ················ 36

优化低年段英语的作业设计，实现减负增效 ················· 38

落实"双减"要求，当好"吸睛"主播 ··················· 40

浅谈教师在教学及班级管理中的沟通艺术 ················· 46

英语作业批改评语的魅力 ··························· 49

音乐学科理论研究 ······························· 52

以景带情，蕴舞触乐 ····························· 52

美术学科理论研究 ······························· 55

学科融合背景下美术剪纸教学中的中华优秀文化传承 ········· 55

在多元文化情境中品味人文"营养套餐" ················· 58

课堂小练习在小学美术剪纸教学中的运用研究 ············· 62

体育演讲稿 ·································· 65

点燃 让运动成为礼物 ··························· 65

立德树人守初心 做好教育践使命 ····················· 67

坚持 我与孩子一同成长 ··························· 69

下 篇

多学科融合的实践课例

语文学科实践课例 ······························· 72

无情未必真豪杰 一寸赤心惟报国 ····················· 72

矛与盾 思与行 ······························· 76

学习劝说艺术，设身处地思考 ······················· 80

《雷锋叔叔，你在哪里》教学设计 ····················· 84

让人物活起来 ······························· 88

各美其美 美美与共 ···························· 92

数学学科实践课例 ·· 97

《轴对称（一）》教学设计 ································· 97

反比例（试一试） ·· 99

《三角形分类》教学设计 ································· 104

《长方形的面积（试一试）》教学设计 ·················· 108

《认识角》教学设计 ····································· 112

英语学科实践课例 ···117

5B M3 Unit 7 Open Day 教学设计 ·······················117

4B M1 Unit 3 Look and see 教学设计 ··················· 122

1B M4 Unit 5 Food I like 教学设计 ····················· 123

2B M3 Unit 9 My clothes 教学设计 ····················· 126

科学与信息技术实践课例 ······································ 130

《直线运动和曲线运动》教学设计 ····················· 130

《聪明的巡逻兵》教学设计 ····························· 134

音乐学科实践课例 ··· 139

《走进戏曲——感受梨园春色》教学设计 ··············· 139

《金孔雀轻轻跳》教学设计 ····························· 144

《不简单的筷子》教学设计 ····························· 148

美术学科实践课例 ··· 151

《变照片为黑白画》教学设计 ·························· 151

画出立体感 ··· 154

《剪团花，巧装饰》教学设计 ·························· 158

课外活动的小伙伴 ······································ 166

《我们的大花瓶》教学设计 ····························· 174

上 篇

多学科融合的理论研究

语文学科理论研究

领会编者核心意图，落实教材育人目标
——以部编版小学语文高年级教材为例

何 琳

部编版小学语文教材采用双线组织单元内容，在编写上最突出的特点就是围绕"人文精神"和"语文素养"双线组织阅读单元内容。在这种编排模式下，每个单元、每篇课文都有明确的定位坐标，指向精准的教学目标。

那么，小学语文教师应如何根据教材这一显著特点，将"语文素养"全面落实到阅读教学中，从而促进学生语文素养和语文学习能力的提升呢？

这就要求教师要用整体性和层次性的思维进行单元教学解读，从而研究出教材的内在联系。在教学时，既要横向对比，读出教材编排中单元、课文之间的关联性和差异性；同时又要纵向串联，读出"语文素养"中蕴含的语文知识和能力培养方向的层层递进关系。只有基于编者意图找到教材的体系结构与内在关联，才能逐步实现从"素养"向"能力"的转化。

一、领会编写意图，明确教学目标

当前课堂教学中普遍存在高耗低效的现象，这是因为教师对课堂教学的目标不明、落实目标的意识不强、实现目标的措施不力。如何才能改变这种现状呢？笔者认为，高效的课堂应该从整体性和层次性出发，在领会编写意图、明确具体教学目标的基础上，促进教学目标的有效落实。

二、整体把握教材主线，明确年段训练重点

当我们试图去理解新教材的编写意图时，我们首先要面对一个问题：从整体上来看，新教材到底新在哪里？

首先，从结构上看，部编版语文教材采取"语文素养"和"人文精神"双线组织单元的方式编排。将"人文精神"作为一条线索，统筹安排，有利于发挥语文学科进行思想教育和情感教育的优势；将"语文素养"作为另一条线索，精选典范文本，安排必要知识，优化学习策略，有利于促进学生语言文字运用能力的发展。一年级至六年级每册6～8个单元，由课文、口语交际、习作、语文园地等板块组成；每单元3～4篇课文，如语文园地包括"日积月累""字词句运用""书写提示"等栏目。

其次，从内容上看，新教材增加了中华优秀传统文化的内容比重，大量增加古诗文，新的小学语文教材一年级到六年级古诗词128篇，增加87%。初中语文的古诗词增加51%。高考要求学生背诵的古诗词由60篇增加到70篇。同时，语文教材语文园地里设有"日积月累"，内容包括楹联、成语、谚语、歇后语、蒙学读物等传统文化内容。高年段的"书写提示"中则更是穿插了类似于欧阳询的《九成宫醴泉铭》、智永的《千字文》这样的名家书法作品的鉴赏和品析。

最后，"口语交际"内容和"习作"内容的选择更接地气了。大部分课文后都增加了"口语交际"内容，比如，五年级下册第二单元《景阳冈》一文中则建议学生针对人们对武松的不同评价谈谈看法；五年级下册第五单元在"交流平台"则建议学生之间利用典型事例交流家人的特点。与此同时，纵观教材整体，我们不难发现"口语交际"和"习作"内容都与学生生活紧密相连，凸显了关注交际意识和交际习惯的培养。

三、纵向比较教材要素，精准定位训练重点

部编版小学语文教材"习作"内容的编写呈现出序列化、层次性的特点。这一特点不仅体现在教材每一个单元的内容编排之中，也体现在各册单元语文要素训练点的编排上。

以五年级下册第四单元的教材内容为例。事实上，在五年级下册语文要素要求通过人物的语言、神态、动作来体会人物内心之前，类似的语文要素如体会人物内心、感受人物品质、体会作者感情已经分别在四年级上册、四年级下册和五年级上册出现。而确切提出"体会人物心情/内心"的阅读训练，在四年级上册中被表述为"学习用批注的方法阅读"。因此我们说，部编版的教材编排是层层递进的。教师要通过教材的纵向比较，理解这些具体要素上的联系与发展，才能精准定位训练重点，帮助学生循序渐进、逐步提高。

四、读写不分家，功到自然成

"阅读"和"写作"是语文教学的两大支柱，"阅读"和"写作"教学，应该落实指向表达的语文要素。抓住"读"与"写"两大工具，就能够更好地落实编者意图和教学目标。

例如四年级上册第三单元。这个单元的"人文精神"和"语文素养"分别是"处处留心皆学问""体会文章准确生动的表达，感受作者连续细致的观察"。教师从"人文精神"和"语文素养"出发，可以在精读课文《爬山虎的脚》中，借助关键段落引导学生感受作者连续、细致的观察，而在后续的精读课文《蟋蟀的住宅》中这一要素训练再一次得到了巩固。课内的阅读为课内的写作训练奠定了基础，教材额外为学生拓展补充的"阅读链接"，则有效引导了学生运用图文结合和表格等多种路径，将观察所得转化为具体的观察日记。这种基于单元整体性的教学，有利于教师利用读写结合循序渐进地给学生针对性极强的训练。与此同时，我们还可以通过"1+X"的方式实现群文阅读，从而在课外拓展的层面上给学生的阅读和写作训练以更多的启发和思考。

综上所述，教学方法万变不离其宗，为了达到全面领会和落实统编教材的编写意图和目标要求的目的，我们需要用整体性和层次性的思维进行教材解读，进而落实教学目标和编者意图。正如那句话所说，"不忘初心，方得始终"，教师需要在这个过程中基于单元内容与学情特点，紧扣单元语文要素开展教学活动，要让初心意识贯穿于我们的教学始终。

参考文献

[1]陆智强.领会编写意图,让教学有章可循:统编教材四年级上册第一
　　单元教材分析与教学建议[J].小学语文教师,2019(Z1):59-62.

[2]闻静.基于新旧教材教学衔接下的教学目标厘定、细化和落实[J].
　　语文天地,2020(36):3-4.

[3]陈郑斌.活用统编教材课后习题,落实语用目标[J].新教师,2019
　　(11):44-45.

[4]席学荣.把握编写思路 领会编写意图:五年级《生命·生存·生活》教
　　材解读[J].课程教材教学研究(小教研究),2009(Z5):4-5.

[5]黄绿鲜.紧扣年段目标,落实语文要素,夯实阅读底子:统编教材低
　　年级阅读教学谈[J].今日教育,2019(10):56-58.

小学语文阅读教学创新策略分析

陈 丹

小学语文阅读教学对于小学生群体来说是一项重要的学习内容,其包含多个方面学习能力的提升,对于小学生群体后续的整体能力提升具有重要的价值作用。本文基于学生综合发展的需求,研究小学语文阅读教学中存在的相关问题,进而为创新阅读板块教学策略提出相关的建议,助益小学生群体在启蒙阶段的长足性发展。

一、小学语文阅读教学案例

在小学语文一、二年级教学阶段,阅读板块对于其来说已经是相当重要的一部分教学内容。现根据小学二年级的一段阅读材料,以二年级语文教师的具体教学过程为案例,透视小学语文阅读教学过程中存在的相关问题。

阅读材料：《乌鸦兄弟》

问题：

1. 一开始，这个洞大吗？

2. 为什么兄弟俩都不修补？

3. 由于都不修补它们窝的破洞，最终兄弟俩怎样啦？

4. 请找出文中描写冬天寒冷的句子。

二、阅读教学存在问题

在面对这一阅读题的过程中，语文教师大部分是采用直接阅读的手段，让学生在阅读的过程中尝试发现答案和理解全文，在这一教学方式下，存在部分学生不完全理解其中的阅读内容，导致这一群体后期阅读能力难以得到有效提高。

（一）教学模式传统化

在大部分小学语文教师的眼中，学校传统的教学准备工作就是准备教案，按照教案及学生遇到的难题为学生解答，引导学生思路。这类教学模式在一定程度上可以被定义为相对传统，其中包括教学准备、教学引导等，例如第一部分提到的阅读教学案例《乌鸦兄弟》，对于第一问和第二问，教师在教学过程中始终坚持采用让学生多阅读或者直接给出答案的教学模式，这种模式的传统化进一步导致学生失去阅读思考和被引导的机会，不利于学生群体的有效发展。

（二）教学内容固化

在以上阅读材料的教学过程中，不难发现大部分的语文教师在进行这一阅读材料讲解的过程中，不会以其他相关性的阅读材料作为思维发散的教学素材，让学生群体在阅读学习这一材料的过程中，只能吸收到这则阅读材料的内容，无法得到与其具有联系的相应能力的提升和加强，这则阅读材料实际上就想说明一个深刻的道理，但是学生到底能不能吸收这一阅读材料蕴藏的真理，教师因为教学内容的固化无法进行真实的考查。这是由诸多因素造成的，包括教师的个人因素、学校的教学机制、教学时间的限制等。

（三）教学思维局限化

在《乌鸦兄弟》这一则教学内容中，小学语文教师无论是对其教学模式还是教学内容都存在一定的限制，这从根本上反映了阅读教学过程中小学语文教师的教学思维有所局限的这一问题。学生不理解乌鸦之间对话所反映的问题，对于描写冬天寒冷的句子的发现力也不够强，这说明学生的常识积累度还不足。这些教学过程中存在的问题，必须进一步得到学校、教师的反思以及改正。

三、小学语文阅读教学创新性策略

小学语文教学过程中存在的问题，进一步说明学校教学方法、教学模式、教学内容等必须进行创新和改变，提升小学生群体的阅读理解学习兴趣，加强学生对文学细节的感知能力和理解能力将成为现代化小学语文初等学习阶段的关键性教学目标。这就要作为教师群体的我们从教学模式、教学内容、教学工具等不同角度对教学策略进行创新，实现小学生群体在现阶段的思维发展目标。

（一）利用信息化教学工具

在教学工具的运用上，小学语文教师群体必须及时根据时代背景的发展程度，对不同时代下的工具进行充分性的运用。小学教师可以利用多媒体教室，线上搜索与阅读材料契合的相关视频，让小学生群体通过观看线上视频的方式培养自身的专注力、对阅读内容的感知力和理解能力，学会用自身的知识去理解其中的道理和阅读材料的中心内容。

（二）有效延伸教学活动内容

小学语文教师群体必须充分意识到学科之间存在的必然联系，在提升学生语文学习能力的同时，可以借鉴其他的教学模式来激发学生其他方面的潜能。

（三）更新教学思维

这一策略主要的行动力是在教师群体上，教学思维的更新关键依赖于教师个人。这就要求教师群体改变自身的教学态度，及时进行相关的教学交流，参与进修活动，与更多优秀的教师进行教学工作上的沟通。教师需要及时地与学生家长保证有效的联系，为小学生群体举办更多真正有帮助的教学活动，并且对学生进行语文阅读板块内容的学习进度跟踪，对学生不理解的、难以掌握的地方进行细致性研究，让学生能够在脚踏实地的学习过程中得到真正的自我提升。

四、结论

小学一、二年级语文学科阅读板块的学习，对于学生这一阶段的思维发展、人格健全来说有着强大的引导作用。本文在根据语文教师进行阅读材料教学的过程中，提出存在教学模式传统化、教学内容固化、教学思维局限化等相关突出性问题，进而为提升学生群体的阅读学习能力提出利用信息化教学工具、有效延伸教学活动内容、更新教学思维等具有发展性的建议，以此来提升学生对于阅读材料的理解，全面提高学生思维发展能力，让学生群体对学习材料产生更多的兴趣、投入更高的热情，在快乐和欢笑中有效学习。

参考文献

［1］吴文添.基于儿童心灵成长下的小学阅读教学策略探究［J］.学周刊，
2019（8）：136.

［2］吴如真.质疑·交流·互动：基于自主探究下的小学语文阅读教学策略
［J］.学周刊，2019（8）：137.

［3］杨秀珍.小学语文主题阅读教学策略的实践分析［J］.学周刊，2019
（8）：140.

落实部编版小学语文单元目标的方法初探

蔡敏舒

对教材的研读是每位教师开展教学的最基本要求，《基础教育课程改革纲要》指出："教材是教学内容的重要载体。教材对于教师和学生的发展要具有拓展性，应有利于引导学生探索、发现、质疑，开阔学生的视野，丰富学生的学习经验。教师要创造性地使用教材。"只有深入地对教材进行研究，充分理解编者的编写意图，明确每个阶段、每个单元的教学目标，教师才能更好地使用教材，并实现对教材的创造性使用。

一、透彻了解所有单元目标，进行相关性联结

部编版教材在每个单元导读中提出了人文主题和单元目标，单元目标是语文教学要达到的基本预期，是通过教与学双方一系列的教学活动达到的目标，同时也是检查、评定教学活动效果的参照物。在教学前需认真解读每一单元目标，每个单元都是一个相对独立的板块，但单元目标之间又有联系，需要教师对部编版教材语文要素进行梳理，将相似要素、知识点进行联结。

教师不仅要对整册书有全面的认识，还需要对小学阶段的每一本书有较为全面的认识，因教材对不同年级之间的语文要素有十分紧密的衔接，以梯度性由浅入深地进行提升。光是写好一件事，教材目标便已按照不同年级的学情特点，设置相对应的要求，确保在每一个阶段将其中一种语文要素掌握扎实，不对学生做过高要求，不可能一口吃成胖子，前期的目标要求都是为打牢后一阶段的素养基石做准备，因此"地基"必须筑牢。

二、深入解构课后习题，辅助单元目标落实

教材所选的文章多是文质兼备的典范，能让学生品析和挖掘的角度特别多，每个单元的导语都是一盏灯，给教师在教学过程中指明方向。但如何落到实处，还需踏实地回到文本本身，深入解构每一道课后习题在落实单元目标中的作用，也能帮助教师更好地有效抓住本课教学的重难点。

教师需明确课后练习的重要性，部编版教材课后习题基本是围绕本课教学重点设计的，基本每一道练习题都能找到相对应的单元语文要素。教师需正视课后习题在教学中的价值，明确教材的其他组成部分与课后练习之间的相互联系，在备课时抓住课后习题的特点，安排相关的教学活动，如相关的朗读、探究、练笔等活动，在教学中借助课后习题落实语文要素。

三、合理利用语文园地，加深单元目标理解

小学语文园地出现的目的是对知识点进行归纳，对整个单元语文要素的总

结，进行语文要素的拓展训练。教科书根据年级特点，为语文园地编排了以下栏目：日积月累、交流平台、词句段运用、书写提升、字词句运用、识字加油站、我的发现、和大人一起读、我爱阅读、展示台、查字典、用拼音、写话。其中，仅"日积月累"和"交流平台"是贯穿一年级到六年级的。

落实单元目标，不仅在学习要素、理解文本上，还需利用要素，学会语用。"词句段运用"和"习作"是将单元目标加以实践运用，教会学生如何利用要素学会表达。教师需发现本板块在字、词、句、段有价值的语用要素，将文本和单元目标相结合，进行练说、练写，指导学生进行实践的运用，促进学生语用能力的发展。如六年级上册第六单元，单元目标分别为"抓住关键词，把握文章的主要观点"和"学写倡议书"，阅读要素与表达要素有递进关系，"词句段运用"则直接给出了一段与课文无关的话，让学生分析这段话表达的观点，这是让学生分析文章主要观点的提升训练，也是为"习作"学写倡议书、能明确自己的观点做一个铺垫。在课文教学中可以根据词句段的内容，拓展更多文本，让学生掌握"抓住关键词"这一阅读能力。

在整体把握本册教材、十二册教材的教学目标后，教师也不能忽视单元所设定的人文主题，广泛涉猎，选择更多丰富、经典的文本给学生进行拓展，让学生更具情感与人文素养的熏陶。在拓展文本的同时，紧扣单元目标，模仿课后习题与语文园地内容，对拓展文本进行符合单元素养的阅读指导，更扎实落实单元目标。

参考文献

［1］温儒敏.“部编本”语文教材的编写理念、特色与使用建议［J］.课程·教材·教法，2016，36（11）：3–11.

［2］张惠萍.把握课后练习特点落实语文要素：以部编本二年级语文上册教材为例［J］.福建基础教育研究，2018（3）：59–61.

［3］余琴.统编小学语文教科书《语文园地》的编写意图与教学建议［J］.小学语文，2020（11）：9–14.

［4］李静.依托课后习题，落实语文要素［J］.学苑教育，2021（6）：65–66.

［5］周静怡．部编版小学语文教材落实语文要素的三个角度研究［J］．小
　　学生（下旬刊），2021（2）：8.

<h1 style="text-align:center">读写一体，双线并行</h1>

——小学高年级统编教材阅读教学设计及实施策略

蔡晓纯

统编教材采用"人文精神"与"语文素养"双线并行的设计理念。从三年级上册开始，每册增设一个特殊的"习作单元"，在"习作单元"中设置"习作例文"板块。因此，在统编新教材的教学中，阅读与写作是一个不断融合、交错进行的过程，两者密不可分。本文尝试结合笔者自己的教学实践，探索小结"读写一体，双线并行"的阅读教学模式的设计与实施策略。

一、"读写一体，双线并行"的阅读教学设计策略：读中悟写，以写促读

（一）读中悟写的设计策略

1. 在阅读中学习立意的高度

萧统在《文选序》中说："老庄之作，管孟之流，盖以立意为宗，不以能文为本。"《红楼梦》中也借黛玉之口指出："词句究竟末事，第一是立意要紧。"但小学生因其经历的局限性，在习作立意上常难有创新，而通过阅读去感悟学习作家的深远立意，便是教学中可采取的有效方式。

2. 在阅读中学习构思的精巧

元代程端礼说："作文，以主意为将军，转换开阖，如行军之必由将军号命。"所谓"转换开阖"，便是我们常说的谋篇布局。三年级习作起步阶段，学生主要是写好段落的练习，但从四年级开始，习作要成篇就离不开对谋篇布

局的思考。因此，从四年级开始，阅读教学中也要引导学生从篇章的角度去分析作者的构思安排，感悟学习课文构思的精巧。

3. 在阅读中学习表达的奥秘

写作是有技法的，但如果脱离了阅读来教技法就容易使学生像背公式一样，只生硬地记住技法的名称，却不知该如何运用。比如，一提到写人作文，教师总会提醒多通过动作、心理、神态、语言等描写手法去刻画人物，但反复强调，学生却依然写不好，究其根源就是学生只记住了这些描写方法的名称，却不知道到底该如何运用。

笔者在教学五年级下册《人物描写一组》时，聚焦文中对嘎子和胖墩儿的动作描写，逐步概括出了动作描写的运用方法：一是让身体的不同部位都动起来，二是记录同一部位的连续性动作。看似深奥的表达技巧，落实到了具体课文片段的学习仿写，学生便能更直观地理解、更灵活地运用。

（二）以写促读的设计策略

要真正落实"读写一体，双线并行"，在阅读教学中我们就不仅要考虑如何通过阅读去培养学生的写作能力，更要思考深入挖掘课文的写作奥秘，对学生理解课本本身有何益处。

1. 还原作者的创作心境，感悟作家的艺术情怀

通过研究实践，笔者发现"读写一体"的阅读课上，当学生站在作者的角度审视文本时，更能设身处地地去揣摩作者创作时的心境，能够更好地感悟作家的艺术情怀。

在五年级上册《四季之美》的学习中，笔者在引导学生解读文中动态描写的技巧时，学生发现了作者笔下的动态皆是大自然中极其微小、极其容易被忽略的细节变化。此时，笔者再抛出问题：一切景语皆情语，作者清少纳言到底是在怎样的心境下，才观察到如此细微的景物变化？学生很快便找到了文中的关键字眼"闲逸"。紧接着再拓展冯唐对清少纳言的评价："清少纳言写的是身边的花花草草、日光云影、零碎心思。地铁越来越挤，手机屏幕越来越大，很少有人会再抬头，会看到'此时此刻的云'的美。云，很寂寞吧。"从探究写法到还原作者"宠辱不惊，看庭前花开花落"的艺术情怀便水到渠成了。

2. 洞悉作者的创作意图，升华阅读的情感体验

在设计"读写一体"的阅读课时，要引导学生跳出"内容思维"，进入"写作思维"阅读模式，引导学生从关注内容、情感自觉转向关注表达技巧、创作意图。例如，五年级下册《慈母情深》一课，可先引导学生聚焦文中慢镜头的写作方法，再进一步引导学生思考作者为什么要选择慢镜头来刻画母亲转过头来的那一刻？他这样写的目的是什么？最后组织学生有感情朗读，在朗读中对于字里行间所蕴含的情感，学生便很容易产生共鸣。

二、"读写一体，双线并行"的阅读教学实施策略：关注过程，搭建支架

（一）单元习作前置化，指导过程可视化

通过多次的教学实践，笔者发现，教学时可用单元习作统领整个单元的学习，改变以往先上完单元课文再进入习作部分的教学模式，让习作过程延长化、可视化。笔者尝试在单元开课伊始，就结合单元导读的语文要素先引入单元习作的要求，再把单元习作的各项要求分解到每篇课文的学习中。这一实施策略，能让学生在单元课文的学习中始终有意识地为单元习作积累素材、学习写法，提高了后续单元习作的写作水平，真正达到阅读与写作水乳交融的状态。

用单元习作统领整个单元的学习，有利于将习作的过程延长化、可视化。学生的单元习作不再是一两节课的速成品，而是贯穿于整个单元的学习过程。

（二）课内阅读课外化，习作积累过程化

语文教学要有大语文观，"读写一体"的阅读课应让课内阅读课外化，在广泛的阅读中不断积累习作素材与方法。无论是在阅读中学习文章的立意、谋篇布局，还是学习具体的某种写法，都不应拘泥于课文本身，可引导学生在群文的类比阅读、对比阅读中，不断接近教学目标。

笔者在教学《四季之美》一课时，就带领学生进行了近一个月的"景物读写"主题活动。笔者首先引导学生分组收集整理了一年级到四年级学过的有关四季的所有课文，又为学生提供了名家描写四季的文章，实现了四季主题的"群文阅读"；为让学生从海量阅读转化为深度阅读，又引导学生做读书笔

记并交流分享；再联合美术教师进行四季之美"想象绘画"；学完《四季之美》后，再进行"抒写四季"的征文比赛。通过这一篇课内阅读的课外化实践，把单元习作的积累延长到一个月的探究时间，让学生的读写能力有了质的提升。

总的来说，从阅读吸收转化为写作输出是一个复杂的言语建构过程，"读写一体，双线并行"的阅读课要真正落到实处，在实施时要关注学生从阅读到写作的全过程，为学生最终阅读后的个性化创作不断搭建支架。

参考文献

[1]何捷.一篇一篇解读统编（四、五、六年级卷）[M].武汉：长江文艺出版社，2020.

[2]施燕红.让读与写比翼齐飞：统编教材"读写一体"教学的实施建议[J].小学语文教师，2020（6）：4-11.

[3]王林波.统编版语文教材习作单元的教学策略[J].小学教学研究，2020（19）：24-28.

[4]叶晨.读写共生　相得益彰：创设对话式课堂情境，引导读写互促[J].语文教学之友，2020，39（5）：12-14.

浅谈小学语文有效背诵的策略与方法

曾 琳

著名的语言学家叶蜚声教授曾经说过："学习语言，必须多读、多讲、多背诵。中文、英文或是其他语言，我都喜欢背诵，因为背诵是促进知识融会贯通的方法之一。"可见，背诵是知识积累的重要手段，对小学语文学习的重要性不言而喻。

一、小学语文背诵的重要意义

（一）背诵有利于提高理解能力

我们经常说，"旧书不厌百回读，熟读深思子自知"。夏丏尊、叶圣陶所著《文心》中也提及："他们朝夕诵读，读到后来，文字也自然通顺了，文义也自然了解了。"在背诵的过程中，学生一遍又一遍地读，回顾文章的内容，加深对文本的理解。当然，前提是教师在背诵前应先简单地帮助学生分析文段，总结文章大意、归纳层次，再让学生去背诵，形成先理解后背诵的模式，才能潜移默化地达到"其义自见"的效果。

（二）背诵有利于提高语文表达能力

在日常教学中，笔者鼓励学生背诵优秀的词句段，关注文中的修辞手法、篇章结构的安排、作者表达情感的方法等，所谓厚积而薄发，有了一定的知识储备，学生在自己的习作中这些词句会自然流露，习作水平也能得到提高。

（三）背诵有利于加强记忆能力

著名心理学家艾宾浩斯的研究表明，我们每个人背诵的东西都不可避免地会遗忘，我们熟悉的艾宾浩斯遗忘曲线显示，人的记忆遗忘速度和重复背诵的次数是相反的。所以在小学阶段，在学生记忆的黄金关键期，教师可以通过指导，让学生反复背诵，不断复习以往背诵过的篇目，以此刺激他们大脑的记忆系统，加强记忆能力。

二、小学语文有效背诵的策略与方法

（一）充分指导，授之以渔

1. 以读促背

朗读是学好语文的关键之一，把课文大声读出来，让作者笔下的语言变成自己说的话，在无形中吸收词句段，形成语言。而背诵就是朗读到烂熟于心的结果，我们经常说熟读成诵便是如此。因此，多读几遍，读通，读顺，可以促进我们背诵。

2. 结合内容，想象画面

部编版语文教材对不同学段都提出了"想象画面"这一语文要素，因此根据诗歌或文段的描述想象画面，有助于我们记忆、背诵。以诗歌教学为例，在教学时教师应该先初步指导诗句的内容和主旨，抓住诗句中出现的景物，让学生试着想象画面，尝试结合图像进行背诵。

3. 抓关键词句

在教师指导厘清全文写法、中心思想的基础上，教会学生抓住关键词句进行背诵是有效的方法。有的课文在文章结构上很有特点，例如出现中心句、过渡句等，或出现连用动词、形容词的段落，根据不同的背诵篇目，教师可以引导学生把握好相应的关键句来提高背诵效率。例如，背诵四年级上册《观潮》这一篇课文时，可以主要引导学生抓住潮来时形状的变化这一线索重点识记。

（二）激发兴趣，多样化开展

1. 教师示范，师生共背

卢梭曾说过这样一句话："榜样比所有的一切书籍都更有用处。他们亲眼看到你的行为，将比我们所说的一切空话更能感动他们的心。"在小学阶段，学生有很强的模仿心理，在他们心中更是以老师为榜样，因此老师带头示范背诵可以激励学生去克服背诵难题。在教学实践中，笔者往往在课堂上示范背诵，再由学生来试着挑战，学生都跃跃欲试，争先恐后地要当背诵小能手。在熟悉篇目的基础上，笔者还设置师生共背环节，教师背上句，学生接下句，合作背、接龙背……在饶有趣味的活动中不知不觉解决了背诵的难题。

2. 创设氛围，小组合作

在教学实践中，除了单独抽背、接力背，笔者发现团队合作更有助于学生完成背诵任务。班级前张贴一份背诵清单，每天由教师发布当天的背诵任务，每5个人为一个小组，设置小组长，组员需在一天内在组长处过关，熟练背诵者即在背诵单上打钩，形成"组员—组长—科代表—老师"的背诵链，完成的小组可以得到相应的奖励。在这样竞争又合作的背诵氛围中，背诵效果显著，每到课间总能看到组员积极地找组长背诵，惊喜的是，坚持下来，一天的背诵任务经常半天不到就全班过关了，学生似乎不再害怕背诵，反而将每日的背诵小任务当成展现自己的机会。

3. 温故知新，边背边写

"温故而知新，可以为师矣。"上文提到的艾宾浩斯遗忘曲线规律告诉我们要不断回顾旧知识，背诵同样需要及时复习。以古诗词教学为例，笔者经常要求学生进行复习背诵，将同一作者、同一主题、同一写法等的古诗词放在一起背诵，不仅加强了对诗句的记忆，也训练学生对比阅读的思维。还会开展主题诗歌背诵比赛，看谁积累的诗歌最多，通过开展有趣多样的活动形式来帮助学生及时复习。

4. 因材施教，家校共育

在班级中，要重点关注背诵较吃力的学生，他们往往认为任务太难以至于无法克服，因此背诵态度不积极，久而久之失去背诵的动力。作为教师，要及时干预指导，鼓励他们，让他们在背诵中找到信心。在教学实践中，笔者针对这类学困生做了任务分层，降低过关难度，例如其余孩子今天过关背诵整首宋词，笔者允许学困生可以分成上阕、下阕两部分过关，根据学生的能力进行适当的调整，及时化难为易，积极鼓励。

参考文献

[1]曾正芳.背诵并不难：浅谈小学语文教学中组织和指导学生有效背诵的策略［J］.新课程（中），2017（2）：76，78.

[2]刘贞.简述小学语文教学中背诵的重要性［J］.教学管理与教育研究，2018（9）：85-86.

戴望舒诗歌中的乡愁

邓佳敏

一、引言

（一）乡愁的研究价值

"乡愁"是中国诗学中的一个特定的主题，要想探究乡愁的研究价值，就需先了解千百年来"乡愁"在华夏大地上流传的起因，以及在流传这么多年以后，依然能一直作为文学创作母题、焕发强大生命力的原因。

在古代乡土社会，"安居乐业"是人们最大的心愿，"离乡"对于安土重迁的人们来说是痛苦而无奈的选择，游子漂泊在外，怀念熟悉的故乡风情，怀念故土亲人与赤诚的情意，怀念家乡文化与不可磨灭的精神，曾经熟悉的一切变得陌生，难免产生愁绪，唯有"乡土"给人前进的动力和母亲般的温暖。

"故乡对我来说是一个久远的梦境，是一种伤感的情绪，是一种精神的寄托，也是一个逃避现实生活的巢穴。"（莫言语）

（二）戴望舒的乡愁是什么

戴望舒于1905年生于杭州，4岁跟随父亲来到北戴河，辛亥革命后又跟随父亲从北戴河到杭州定居，他在杭州接受了10年严格的旧式教育。1928年到1932年，戴望舒在上海活动，这是他文学创作最活跃的时期。后来，他又旅法两年半，还去西班牙游历了三个多月。上海沦陷后，戴望舒带领全家到香港。1946年3月，也是抗战胜利后，戴望舒回到上海，一年后再次被迫离开上海前往香港，生活窘迫。中华人民共和国成立后，他坚持带病北上参与中华人民共和国的建设工作直至去世。

从这样一份履历中可以看出，戴望舒一生流离漂泊，不管是为了创作学习，还是形势所迫，他也厌倦了这样奔波流离的生活。生活区域的不断变迁让他渴望稳定而平静的生活，而这也构成了戴望舒乡愁的基本原因。

二、现实中的家园和故乡的怀恋

"故乡芦花开的时候，/旅人的鞋跟染着征泥，/黏住了鞋跟，黏住了心的征泥，/几时经可爱的手拂拭？/栈石星饭的岁月，/骤山骤水的行程，/只有寂静中的促织声，/给旅人尝一点家乡的风味。"

"思"和"忆"往往是绑定在一起的，在《旅思》里，在戴望舒的回忆里，不单是故乡的芦花和促织声，就连鞋底的征泥都有着独特的"家乡的风味"。在回忆家乡的时候，听觉、视觉、味觉都仿佛连通了似的，真切而又缥缈，想捉住却又捉不住，那是对家乡浓浓的思念啊！

三、古老的乡村和农耕文化的缅怀

19世纪中期，正处于工业化和城市化快速发展的时代，工业快速发展，城市快速建立。戴望舒开始怀念起家乡，怀念起善良、纯朴的乡民，怀念起宁静平和、悠闲自适的家乡生活，怀念众人你来我往这样平淡温暖的生活。

"村里的姑娘静静地走着，/提着她的蚀着青苔的水桶；/溅出来的冷水滴在她的跣足上，/而她的心是在泉边的柳树下。/这姑娘会静静地走到她的旧屋去，/那在一棵百年的东青树荫下的旧屋，/而当她想到在泉边吻她的少年，/她会微笑着，抿起了她的嘴唇。"

水桶已经长出了青苔，屋子也是陈旧的，百年的冬青树古老而浓郁，这一切都是大自然的痕迹。

"她将帮助她的母亲造饭，/而从田间回来的父亲将坐在门槛上抽烟，/她将给猪圈里的猪喂食，/又将可爱的鸡赶进它们的窠里去。/在暮色中吃晚饭的时候，/她父亲会谈着今年的收成，/她或许会说到她的女儿的婚嫁，/而她便将羞怯地低下头去。"

戴望舒用温柔的语调和清新的话语描画了一幅简单而又温馨的农家生活图景，虽然简单，却又让人感觉安心和真实，诗句中暗含农家少女的青春悸动，让人读来十分可爱有趣，摒去了忧郁的基调，这也是笔者格外喜欢的戴望舒诗歌中的一篇。

因而，现代的乡愁不仅是诗人们在快速发展的工业时代的精神压迫下，对诗意自适的田园生活的向往，对纯朴善良的民风的怀念，实际上也是对现实社会的不满与抗争，是历史的反映，是具有更丰富内涵的怀乡愁绪。

四、戴望舒乡愁的表现方式

（一）古典意象的综合运用

戴望舒诗歌作品中乡愁的艺术表现方式，是对古典意象和圆圈式抒情结构的综合运用，大有向传统回归之势。

戴望舒对意象的选择和运用十分严谨和巧妙，他认为，"情绪不是用摄像机摄出来的，它应当用巧妙的笔触描出来。这种笔触又须是活的，千变万化的"。因而他反对坦白无隐的浪漫主义诗风，主张婉曲巧妙的表现，这正是他所倾心的象征主义诗歌的表达特点。

由此可见，戴望舒不一定反对古典意象的运用，在他看来，以"情绪"为中心，只要能表达情绪的形式都可以采用。这一诗学策略，源于古典诗歌与现代诗歌无法斩断的亲缘关系：即使同一母语和同一文字创造的诗体文学，古典诗歌的文字系统运作习惯大抵已经成为文人思维的一种固有方式，对不同时代的中国诗人都会产生或多或少的影响和制约，所以尽管现代汉语简洁自然、自有其强大的生命力，但新诗不过仅仅发展了十几年，与古典诗学几千年所带来的民族心理和审美情趣的潜移默化相比，戴望舒意识到中国传统文化太过强大而独特，因而选择因时而动的策略，在诗歌创作中有意识地运用古典意象，像是月、菊、梅花、酒、杨柳这些词汇，似乎天然就带有诗意。

（二）圆圈式抒情结构的运用

中国人素来崇尚圆，它有着哲学思维中贯通自如的境界。在审美心理上，中国人民也更喜欢大团圆结局，在文体创作时，文人也喜欢首尾呼应、回环往复的文体特点。不无例外，戴望舒也喜欢用圆形的圆圈式抒情结构这种审美形态来观照外界。

在一首诗里，在末尾几行返回开篇的几行，形成回环复沓、一唱三叠的音乐效果，同时在内涵和情绪中深化全诗。例如，《我的记忆》中"但是我永远不讨厌它/因为它是忠实于我的"，《寻梦者》中"你的梦开出花来了/你的梦开出娇妍的花来了/在你已衰老了的时候"，使情感在更高层次上展开。

浅谈"双减"政策下小学语文课堂作业设计研究

欧阳文婷

2021年，中共中央办公厅、国务院办公厅印发了《关于进一步减轻义务教育阶段学生作业负担和校外培训负担的意见》，这一"双减"政策，其中第二条就是全面压减作业总量和时长，减轻学生过重作业负担。作业减负，其实是一直以来的趋势问题，"双减"政策下作业的管理和作业量有了明确的规定，这对于教师的课堂教学质量有了更高的要求，这也不断督促教师优化作业管理，提高课堂作业设计质量。

小学语文课堂作业，是教师为提升学生语文核心素养，在课堂上给学生布置的学习任务。由于课堂时间有限，所以语文课堂作业应该避免传统的抄写等作业，必须做到减负增效，将学生的作业压力降低而提升知识接收的效率。传统的机械化抄写形式的作业，不仅没有提高学生学习的有效性，反而容易使学生失去学习兴趣。结合本学期一些课堂作业的布置，对课堂作业设计提出几点粗略的看法。

一、课堂作业要展示学生本节课的收获

以前的作业设计，是家庭作业，通过抄写、背诵、练习题等方式巩固学生当天所学的内容，学生容易应付作业，被动完成从而没有质量又浪费时间。为了巩固课堂所学的知识，笔者在当堂课就一个知识点来进行课堂作业设计，指导学生及时掌握当天所学内容。课堂讲解与学生练习的有机结合，既减轻了学生课后作业的负担，又有利于提高课堂效率，保证了作业的实效性，而这正是设置作业的初衷所在，让作业的反馈及时、有效。

二、课堂作业要有层次和个性

学生之间是有差异的，学生的听课质量及效率也与知识点的掌握程度密切相关，有的学生上课的注意力更集中、专注度更高，对于知识的接受需求就更高，而有的学生则由于种种原因导致注意力不集中，课堂上没办法及时"消化"更多的知识点。因此，在课堂作业的设计上，可以一改以往的命令式、强制式的作业，给学生选择的机会，让学生自主选择，使不同层次的学生能接受并当场完成课堂作业。课堂上，每个孩子都有自己的任务，一下子就减轻课后背诵、默写的负担。而且在课堂上，学生总是有不自觉去比较的小心思，你在背诵，我也要背诵，你在默写，我也要默写，各自在暗暗较劲，形成良性的积极向上的学习氛围。

三、课堂作业的形式要创新

由于课堂时间有限，因此课堂作业的设计要更有针对性、更有质量，这样才能更好地发挥课堂作业的有效性。课堂作业的形式，不应该局限于熟知的常规作业，如抄写、造句等，可以创新不同的形式，如交流讨论、分享汇报、类文阅读、读写结合等。这样的课堂作业使学生在阅读中打开思维的大门，在审美和鉴赏中丰富人生阅历，笔者已无须再讲太多，学生都有体会。

四、课堂作业要采取多种评价方式

目前在作业的评价标准上，基本只有"对"和"错"两种形式，评价方式较为单一。对于语文学习，是难有绝对的对与错的，但这却是目前最普遍的评价方式。对与错的评价方式，纠正的是学生理论和知识性的错误，形成的是阶段性的记忆。每个学生都有自己的长处和发展特质，单一的课堂评价方式是难以促进学生的全面发展的，如果能够在课堂作业的评价方式中进行创新，从多种角度来评价学生，也许会有不一样的效果。其实，评价的方式不仅仅是教师给出的"对"与"错"，更直击人心灵的评价是一些帮助和肯定。

小学语文课堂作业是教学的重要环节，帮助巩固课堂所学知识，如今在"双减"政策的指导下，学生课后作业的减负需要教师提高课堂教学质量，优质的课堂作业正是一种有效的减负，也是课堂教学质量提升的有效举措。而且有效的课堂作业设计，能够从学生的实际水平、兴趣爱好、个性发展等各方面出发，激发学生的学习兴趣，巩固课堂所学，提升自我。因此，对于课堂作业的设计，我们还需要进行更多的研究探索。

参考文献

［1］牛雄文.浅谈小学语文作业设计与指导［J］.文科爱好者（教育教学），2020（2）：224，226.

［2］郑瑞萍.激兴趣展魅力让学生个性飞扬：浅谈小学语文课堂作业设计的有效性［J］.考试周刊，2021（62）：49-51.

［3］周颖琴.小学语文活动型作业的设计策略［J］.新作文：小学（一至三年级），2020（3）：92.

［4］范静斋.优化小学语文作业提高小学语文质量［C］//教育部基础教育课程改革研究中心.2020"教育教学创新研究"高峰论坛论文集.北京：教育部基础教育课程改革研究中心，2020：420-421.

［5］曹广太.与小学语文统编教材对接，探究课堂作业的有效设计与反馈［J］.课外语文，2020（30）：58-59.

数学学科理论研究

小学"数学好玩"活动策略探究
——以北师大版小学数学六年级上册《比赛场次》为例

陈家慧

一、《比赛场次》活动的总体教学设计

（一）教学目标的制定

做任何事情都要有一个目标，以目标为中心点进行方式、方法的多射线指向，会在真正落实到实践的过程中更加有针对性和规律性。教学也是一样，围绕一个教学目标，制定与之相对应的教学策略，就不会在实施过程中偏离教学方向。因此，教学目标具有导向性，也是提高教学质量和效率的必要参照。

（二）教学重点、难点的侧重

重点：学会使用列表、画图的方式寻找实际问题中的简单规律，体会图表的简洁性和有效性。

难点：了解"从简单的情形之中寻找规律"的解决问题的策略。

（三）教学流程的设计

教学流程的合理设计有助于循序渐进地锻炼学生探索问题、发现问题并解决问题的能力，在这个过程中其实是沉淀出了学生学习数学的一种"态度习惯"。可以说，数学是另外一种有逻辑的生活，包括数学中的符号、单位、图形，其实都可以成为一种对生活的理解。

1. 谈话导入，理解规则

"教育只有通过生活才能产生作用并真正成为教育"，设定一个恰到好处的情境有助于激发学生的学习兴趣，唤起学生连接数学与生活的熟悉感，从而有助于学生发现问题，更好地理解问题并解决问题。《比赛场次》的情境导入通过讲规则的方式进行，预设问题并引出课题，主要分为以下三个步骤。

（1）出示规则：老师想要在班级里举行一场乒乓球比赛，10名同学之间进行比赛，每两名同学之间要进行一场比赛。

（2）理解规则：你能看明白吗？

预设1：两人一组比赛，需分五组比五场。

预设2：不对，应该是每位参赛选手都与其他选手比一次。

预设3：例如我们小组4个人比赛，我要与其他三个组员都比一场。

（3）引出课题：这样的比赛方式叫作"单循环赛"，接下来我们要解决10人比赛场次的问题。

2. 自主探究，解决问题

"数学好玩"就是让学生作为主体，真正参与到课堂中去，教师只是辅助角色，做好整堂课的观察者、记录者和引导者，让学生在乐趣之中自己探索，解决问题。

3. 解释、运用规律

数学是"试"的过程，最终成"型"的规律。发现规律的目的就是在解决问题的时候发挥作用，使原本复杂的问题变得简单。《比赛场次》教学中，从10个人的比赛上升到更多人的比赛，引导学生认识到画图、列举等方式都不能轻松地解决多人比赛的问题，只有探寻到其中的规律，找到适用于本类型题的条件，才可以利用公式来解答。这是学生通过一步步探索总结出来的经验规律，教师这时还可以采用动态演示的方法对规律进行再解释，使学生更深入地理解。通过练习题，再次解决问题，对规律有一个更深层次的巩固和掌握。

二、感受数学的温度

数学虽然是一门非常有逻辑的学科，但是它并不是冷漠且固定的，从它的知识范围和学习方式来说，它都是非常有"温度"的。因为学生对数学的感知

来源于生活,教师对数学思维的剖析也来源于生活经验,数学本身的题型构造更是在生活中被激发和运用的。所以,如何发挥数学学科的优势,将数学与生活紧密连接,能引导学生在生活中发现数学的影子,并且通过数学学习解决生活中的实际问题,是非常重要的。

三、结语

新的数学方法和概念,常常比解决数学问题本身更重要。面对我们已有的数学经验和已取得的数学教学成果,我们还需要以一个更为宽广的视角来对待数学教学。教师只有采用新方法,才能带动学生的新思维,引发家长的新态度,创造数学学科的新巅峰。相信经过不断研讨和完善,数学这门课会以自身的魅力吸引更多的学生!

参考文献

[1] 曾淑华.小学数学教学中综合与实践教学活动策略探究:以六年级上册《节约用水》为例 [J].读与写(教育教学版),2018,15(4):183,202.

[2] 高敏.在体验中发展数学核心素养 [J].江西教育,2021(27):51.

小学数学教学中防止学生两极分化的思考

李文伟

一、两极分化现象的成因

(一)缺乏学习兴趣与学习意志薄弱

缺乏学习数学的兴趣和学习意志薄弱是造成分化的主要内在心理因素。对于小学生来说,学习的积极性主要取决于学习兴趣和克服学习困难的毅力。学习意志是为了实现学习目标而努力克服困难的心理活动，是学习能动性的重要体现。在学习中，一遇到困难和挫折就退缩，甚至丧失信心，导致学习成绩下降，渐渐失去了学习的兴趣。

（二）不系统的知识体系

掌握知识、技能不系统，没有形成较好的数学认知结构，不能为连续学习提供必要的认知基础。相比较而言，高年级数学教材结构的逻辑性、系统性更强。因此，如果学生对前面所学的内容达不到规定的要求，不能及时掌握知识、形成技能，就造成了连续学习过程中的薄弱环节，跟不上集体学习的进程，导致学习分化。

（三）不成熟的思维方式

思维方式和学习方法不适应数学学习要求。小学高年级是数学学习分化最明显的阶段。一个重要原因是数学课程对学生抽象逻辑思维能力要求有了明显提高。而学生正处于由直观形象思维向抽象逻辑思维过渡的又一个关键期，没有形成比较成熟的抽象逻辑思维，而且学生个体差异也比较大，有的抽象逻辑思维能力发展快一些，有的则慢一些，因此表现出数学学习接受能力的差异。

（四）只求仰望星空，不顾脚踏实地

教师没有处理好探究式教学转变与常规教学的关系。教师在按照新的课程标准实施教学的过程中，注重了探究式教学，课堂上热热闹闹。数学课受到全体学生的欢迎，但是，忽视了"万丈高楼平地起"的真理，小学数学教学重在基础，就是要学生接受基础知识，学会基本技能。没有好的基础，仅仅是教学方式的更新是没有用的，教师把握不好这个度，就容易造成数学教学"上课丰富多彩，课堂学得开心，考试一无所知，成绩令人伤心"的局面。这样，学生学习数学的积极性就会受到打击，学习成绩就会两极分化。

二、学生两极分化的应对方法

"人无完人，金无足赤"，教师的教学实践活动也不是能够一次获得全面成功的。经过一个阶段性的教学，学生中学习数学的成效会出现一定的分化是不可避免的，正确认识这种分化，采取必要的补救措施，就能够防止两极分化的程度加大，最大限度缩小两极分化。

（一）培养学生学习数学的兴趣

兴趣是推动学生学习的动力，学生如果能在学习数学中产生兴趣，就会形成较强的求知欲，就能积极主动地学习。培养学生数学学习兴趣的途径很多，如让学生积极参与教学活动，并让其体验到成功的愉悦；创设一个适度的学习竞赛环境；发挥趣味数学的作用；提高教师自身的教学艺术；等等。

（二）加强学法指导，教会学生学习

有一部分后进生在数学上下功夫不少，但学习成绩总不理想，这是学习不适应的重要表现之一。教师要加强对学生的学习指导，一方面要有意识地培养学生正确的数学学习观念；另一方面在教学过程中加强学法指导和学习心理辅导。

（三）在数学教学过程中加强抽象逻辑思维的训练和培养

教师要针对后进生抽象逻辑思维能力不适应数学学习的问题，从小学低年级数学教学就开始加强抽象逻辑思维能力训练，始终把教学过程设计成学生在教师指导下主动探求知识的过程。这样学生不仅学会了知识，还学到了数学的基本思想和基本方法，培养了学生逻辑思维能力，为进一步学习奠定良好的基础。

三、结语

教师在数学教学中，针对学生的两极分化现象，要正确地认识学生两极分化，认真分析学生产生两极分化的原因，才能采取积极的、有效的措施去纠正或避免学生在数学学习上的两极分化。要做好这一工作，教师必须有一种"永不言弃"的精神，用心血和汗水去灌溉面临学习困难的花朵，才能让他们在数学学习的旅途中顺利前行。

参考文献

［1］吴钰.小学中高年级数学学习"两极分化"的成因与对策［J］.科普童话·新课堂（上），2021（5）：10.

［2］沈淑阳.浅谈逐步消除小学数学学习两极分化现象的对策探究［J］.情感读本，2021（5）：107.

［3］崔红侠.两极分化下小学数学教学均衡发展策略［J］.读与写，2021，18（15）：166.

低年级学生计算题的错因与分析

陆木凤

在平时的学习中，小学生的计算题正确率不高，这严重干扰着小学生学习数学的积极性，但我们教师经常习惯性地把学生在计算中出现错误的原因归结为"粗心"，然而事实并非那么简单，学生产生各种计算错误的原因是有其更深层的背景的，不同的学生产生错误的原因可能有所不同。下面笔者结合自己的教学经验以及教学反思，分析学生易产生错误的原因，在教学中应该根据不同的"错因"，采取不同的"对策"，培养学生准确、迅速、灵活的计算能力。

一、容易出现错误的题型以及错误的原因

（1）当同时出现"25+37""35+48""54-27"这三道计算题时，学生容易出现的错误是把第三题"54-27"也算成加法了，造成这个失误的原因是：学生做的前两题都是加法，在做第三题的时候就把减法做成加法了，他说看到的是减号，但心里算的时候算成加法了。又如"43-4"个位不够减，有学生很自然地就用4减3，得到41。这些都是因为一年级的小朋友易受思维定式的影响，他们不善于把注意力从一件事转移到另一件事上，因此容易造成错误。

（2）如"63-25"抄成"63-52"，还有当同一数字在题中出现2次时，学生就易出错，如"82-23-38"，抄成竖式就会变成"82-22-38"，又比如一道竖式计算题，在自己的草稿纸上计算正确，但把答案抄到题目中时就常常出错，等等。出现这些错误的原因主要是：一年级的孩子年龄比较小，小学生在注意的广度、稳定性、转移和分配上发展都很不完善，而且注意力集中的时间很短暂。因此，常发生抄错数字、写错符号以及漏写数字等所谓"粗心"错误。

（3）退位减法，前一位退了1，可忘了减1；同样地，做进位加法时又忘了进位。还有不用进位的却进位了。特别是连续进位的加法、连续退位的减法，忘加减漏写的错误较多。这些错误都是记忆上的原因。因为小学生的记忆发展还不成熟、不完整，往往是记了这而忘了那，所以在计算时常常会出现忘了加减、漏写数。

二、针对学生出现的错误，采取以下策略

第一，培养学生良好的学习习惯。

（1）培养学生仔细审题的习惯。教师要教育学生拿到题目后要认真审题，看清楚题目的要求，想明白计算过程中应该注意的问题，然后再开始动笔计算。

（2）培养学生认真检查的习惯。认真检查计算结果是否正确是计算中一个重要的手段。一些学生认为做题做完了事，不用检查。这样一来，导致计算中出现一系列不该出现的错误。因此，我们要培养学生一丝不苟的检查习惯，保证计算题的正确率。

（3）认真书写的习惯。教师要教育学生，凡作业，都要写得干净整洁。这样，既能使作业本美观，也能使自己在做题时看清题目，避免错误的发生。

第二，平时加强计算基本功的训练。

其实，学生计算能力的形成，不是一节课、两节课的结果，而是长期的持之以恒的练习及系统训练的结果。笔者在每一节课的前5分钟都要给每个学生做10道口算题，由易到难，尽量让学生达到脱口而出。

第三，要加强课堂练习的指导。

教师要争取在课堂上多练习，特别是对学生在计算中易出现的典型错题要及时给予展示和指导（展示时可以采用一些有趣的教学活动，如：当森林医生、火眼金睛等，充分激发学生学习计算的积极性，也就是说可怕的不是学生出现错题，而是教师没有充分利用错题资源），让学生在兴趣盎然中提高计算能力，同时也让学生感受到数学计算的无穷奥妙。

第四，专门安排一节"改错课"。

安排一节专门改错的课，目的是及时针对学生作业中输出的错误信息，集中分析订正。我们数学教师要认识到学生的"错误"也是一种教学资源，在课堂上

我们可以利用错题，让学生当小老师纠错改错，从而提高学习数学的积极性。

因为提高小学生的数学计算能力是一个漫长、细致的过程，所以作为数学教师的我们，必须要认真钻研教材、吃透教材、研究学法，使学生的思维充分展开，不断提高学生的数学计算能力。

参考文献

［1］董海英."算"：教学之魂——浅谈小学低年级计算能力的提高［J］.
　　新课程（小学），2019（2）：196.

［2］彭海兵.激发兴趣提高效率：浅谈高效课堂下小学生数学计算能力的
　　培养［C］//2015年教育探索与实践学术论文集，2015.

浅谈小学高段"数学好玩"之 "综合与实践"教学设计
——以《"象征性"长跑》为例

莫漓霞

北师大版"数学好玩"部分的综合与实践课程每学期安排一次，兼具综合性与运用性，小学高段以综合应用为主，是落实渗透数学思想方法、积累数学活动经验、提高解决问题能力、培养学生应用意识和创新意识等数学课程标准重要而有效的载体。北师大版五、六年级"综合与实践"部分主要内容如下表所示。

北师大版小学高段"数学好玩"之"综合与实践"	
五年级上册	设计秋游方案
五年级下册	"象征性"长跑
六年级上册	反弹高度
六年级下册	绘制校园平面图

从表中可以发现，北师大版小学高段的"综合与实践"在教学部分的主题都比较贴近我们的真实生活，在现有的教学条件下，在我们的教学设计过程中，有哪些方法策略呢？

一、要关注教学目标

目前，学生学习"综合与实践"部分内容的主阵地是学校，根据相关调查发现，受场地、空间、时间等因素影响，课程实施的现状不容乐观。要使"综合与实践"内容在实际教学中落地开花，需要教师结合学情以及客观条件精心进行教学设计，让学生能够切实参与到教学活动中，感受到"综合与实践"在现实生活中的重要作用，在评价中提高反思能力，从而提高综合与实践能力。

二、关注教学模式的转变

"综合与实践"的内容与学生平时接触较多的理论性数学知识有较大区别，侧重点亦有不同，在不改变教材内容的情况下，我们可以机动地转变教学模式、采取新颖合适的教学方式方法，譬如实行主体教学——"参与式教学"。这种模式可以调动学生学习的积极性和参与性，以达到激发学习兴趣、培养学生团队合作精神与创新精神的目的，关注每一位学生的课堂生成及问题的解决，提高课堂整体效率。

三、要重视小学数学"综合与实践"活动评价

小学数学"综合与实践"活动的评价是小学数学课堂教学的保障机制，对于小学"综合与实践"活动的全面实施具有制约、调控、导向、激励作用，是保证新型活动健康有效发展的重要环节。小学数学"综合与实践"活动评价可针对学生的个性品质、实际能力、综合知识的三大目标需求，依据事先指定的评价标准，进行成果展评价、自我评价、小组评价等。因此，在每学期"综合与实践"课程结束时都要及时对学生的表现进行评价，让学生及时得到学习的反馈，激励学生对"综合与实践"活动的探索欲望，增强学生在"综合与实践"领域中的信心。

四、给足学生探究空间

"综合与实践"课型对高年级学生而言，教师在实际教学过程中主要发挥引导作用，为学生建构有效的探究模型，借助小组学习互相帮助、启发功能，提高学生的综合能力，让学生在课前针对某些问题进行自主探索，主动为解决问题进行信息收集与分析，并在课堂中与同学合作交流，完善方案，优选方案，增强方案的实用性、可操作性、周密性。这些过程让课程变得充分，最终完成课程研究。

参考文献

[1] 巫晓纯.例析小学数学课堂教学数据分析观念的渗透：以五年级《"象征性"长跑》教学设计为例 [J].新课程（小学），2019（11）：96–97.

[2] 杨举箱.《"象征性长跑"》教学实践与思考 [J].中小学数学（小学版），2020（12）：58–59.

[3] 孙国春.小学数学教学设计 [M].上海：复旦大学出版社，2019.

英语学科理论研究

浅谈如何提高学生的英语阅读与写话能力

曾丽娴

　　广东省著名特级教师丁有宽说："读写结合，事半功倍，读写分离，两败俱伤。"以读促写、读写结合，就是我们教师指导学生通过阅读获取一定的信息以及写话方法、技巧，然后运用到写话中。同时，写话也能帮助学生更好地阅读，以写促读，从而使读与写达到更有效的相互促进效果。

　　因此，在英语教学中，我们要努力开展阅读与写话教学，时刻树立阅读为写话服务的意识，把阅读与写话进行高度整合，开展从输入到输出的教学过程，在充分解读文本的基础上，从阅读内容中提炼关键信息，建构知识语言体系，认真扎实地开展适量、高效的随堂写教学，促进学生运用语言，提高学生的综合语言运用能力，发展学生的英语思维能力，培养学生的核心素养。

　　那么，如何开展阅读与写话教学呢？俗话讲："读书破万卷，下笔如有神。"针对英语学科的学习也是如此。写的技能的培养必须要有大量的输入，只有"厚积"才能"薄发"。让学生有尽可能多的有声和文字的英语信息输入量，这样才能丰富学生词汇的存储，并积累各种写的素材，达到学以致用。同时，写话也能帮助学生更好地阅读。学生为了更好完成写话任务，学会了从阅读中获取关键信息，提高了英语阅读能力。阅读是写话的前提和基础，写话能促进学生想象力、语言输出能力的发展。

　　开展阅读与写话教学，要充分利用课堂的每一个环节，树立阅读为写话服务的意识，提高学生的读写能力。

一、热身及复习环节——"课前三分钟"话题导入，为读写做铺垫

读写结合，目的是让写话成为阅读课堂教学中一个重要的课堂活动。为保证阅读与写话的顺利进行，在选取相应的教学活动时，我们要选择对阅读与写话有帮助的教学活动，为后面的写话做好铺垫。

二、新知教授环节——渗透阅读策略，提炼关键信息，建构语言知识体系，为后面的写话做好铺垫

我们研究阅读与写话的关系，探索指向激发学生思考的阅读与写话高效课堂，指导学生通过阅读获取文本的信息和阅读方法、表达技巧，为写话提供素材。阅读的目的是写话，大量的输入是为了输出，使读与写达到更有效的相互促进效果。读得多了，读的方法对了，思维也就会更加开阔，想到的东西也就更多，写的时候就能下笔如有神。

三、操练巩固环节——读写迁移，以读促写，培养学生语言综合运用能力

（1）在课堂上要有效地开展读写结合教学，我们要考虑到小学生读写喜好以及心理特点，在教材文本的基础上补充、拓展相关话题的阅读资源，设计与学生语言水平相符合的写话任务，使学生在读写结合活动中获得成就感，提高学生读写综合能力。

（2）在课堂教学中，我们总是习惯让学生先写，而没有让学生在写之前先读。这样，他们的语言词汇就会受到限制，容易出现语法错误。在书写之前让学生先读，可以培养学生的语感，又能帮助他们形成规范的语言表达习惯，实现以读促写。

四、写话由课内向课外延伸，读写结合实践活动不仅限于课堂教学，更应该延伸到课堂之外

教师可以根据不同的课堂教学内容，设计贴近课堂话题的写话任务，让学生学以致用，在课外巩固课堂所学。同时，要设计与学生生活实际相关的、符合学生的年龄和心理特点的话题。通过课内向课外延伸，进一步调动学生英语学习的积极性，培养学生良好的读写习惯，从而提升学生的读写综合能力。

古人云：不积跬步，无以至千里。学生英语阅读与写话能力的培养不是一朝一夕的事，它是一个循序渐进的持续的过程。相信通过教师对读写结合课堂的充分重视，时刻树立阅读为写话服务意识，扎实推进阅读与写话课堂教学，以读促写，读写结合，一定可以促进学生语言知识技能的掌握、思维的发展、综合语言运用能力和学科核心素养的培养。

基于单元整体的小学中年级英语绘本教学研究

——以上海牛津深圳版教材为例

林晓嘉

语言学习需要大量的语言输入，一本单一的教科书、练习册并不能提供足够的语言输入。基于上述情况，小学英语绘本教学应考虑当前的教学需求与教学现状，基于教材各模块话题与单元主题背景，整体设计绘本教学，加强单元的整体性以及教材与绘本的连接性，以提高学生的综合语言运用能力为英语绘本教学的最终目标。那么，如何实现基于单元整体的英语绘本教学呢？具体如下。

一、基于教材，整体设计小学英语绘本教学

基于单元整体，将小学英语绘本故事作为一种课程资源进行拓展教学，注

重绘本在本模块与单元课时中的延续性与整体性，以及单元重难点与核心语言的复现率，丰富学生对单元内涵的理解与外延的认识。

二、丰富课程资源，培养学生的综合语言运用能力

基于单元整体的小学英语绘本教学，能从语言能力、思维品质、文化品格与学习能力等多个维度培养学生的综合语言运用能力，激发学生的语言学习兴趣。因此，以单元整体教学为框架，结合小学英语教材与绘本故事进行教学，一方面能加强绘本与教学内容的联系和整合，提高单元重难点与核心语言的复现率，使单元知识脉络更清晰与紧密；另一方面也培养了教师对课程资源的整合能力，提高了学生的综合语言运用能力。

三、活用绘本策略，激发学生学习兴趣

英语绘本作为课本知识的补充和拓展，由于图画丰富、内容明确、句子押韵常常受到学生的喜爱，教师通常可以通过绘本内容来激活学生原有的知识库，对原有知识进行巩固复习，在此基础上引入新的内容，这样一种过渡和缓冲，能够激起学生的兴趣，尤其对后进生而言，降低了学习难度，营造了良好的英语学习环境，学生学习积极性被充分调动起来。

同时，绘本精美的图片，为学生推断故事情节，起到了辅助的作用。学生在图片观察中，了解人物的性格特征和故事发展，提高学生的细致敏锐的观察力和分析力。绘本阅读中的留白，为学生提供了想象的空间，学生可以通过改编、续编故事，丰富故事内容，学生的创造力和想象力获得了培养。另外，国外原汁原味的英语绘本，是帮助学生拓宽国际视野的最佳材料。通过不同的文化历史故事，进行文化的交流与传承，加强学生的跨文化意识。眼界的开阔，丰富了学生的内心情感，有利于学生正确的"三观"形成，有利于健康的人格形成。

参考文献

韦薇.小学英语单元整体教学研究［J］.教育实践与研究（A），2013（1）：
　51–53.

优化低年段英语的作业设计，实现减负增效

缪海宜

作业是课堂教学的补充和延伸，也是巩固教学知识、检测教学效果的重要形式之一。低年段学生活泼好动、模仿性强，喜欢生动有趣的活动，同时处于学习语言的关键期。我们的重点在于通过作业检验和巩固学习效果，激发学习兴趣，同时通过让学生自觉完成作业，养成自主学习的习惯。

一、提升作业的趣味性

"知之者，不如好之者；好之者，不如乐之者"，意思是知道学习的人比不上爱好学习的人，爱好学习的人比不上以学习为快乐的人。因此我们布置的作业，要能激发学生的学习兴趣，只要有趣的事情学生都乐意去做。语言的学习需要重复的训练，我们可以发挥教学的智慧使机械重复性的训练变得生动有趣。

"双减"强调一、二年级不布置书面作业，在延时服务课中，我们除了进行字母的读写训练外，还可以让学生进行字母创作，发挥学生的想象能力和绘画能力。简单的做法是教师把字母打印出来，让学生加一些元素和色彩设计成自己的作品。还可以让学生做字母拼读的思维导图，去寻找、总结学过的单词中，包含这个发音的有那些单词。学生在总结、创作、绘画的过程中，不但熟悉了字母的性状和读音，也提升了学生的绘画能力和审美意识。

二、作业完成的多样性

低年段英语的主要任务是培养学生学习英语的好奇心，能交流简单的个人信息，表达简单的感觉和情感，能唱简单的英文歌曲，学生在学习中乐于模仿、敢于表达，对英语具有一定的感知能力。作业的设计应该考虑学生听说读等方面的全面发展。课本内容相对简单易懂，之前通过让学生回家做作业或者是趣配音等形式来拓展学生的英语知识。现在响应国家的要求，让学生远离手机，那我们就可以回归最简单本真的学习，利用绘本来做拓展。

三、作业的布置要体现自主性

作业是开启学生自主学习之门的"钥匙"，是促进学生自主学习的镜子，从而助力教师的教学。俗话说世界上没有两片相同的叶子，每个学生的学习能力、性情爱好各不相同。"双减"精神更是提倡因材施教，提优补差。对于学生来说，做他们感兴趣的、愿意去做的事情就会有效率，因此教师设计作业的时候要体现自主性。提升作业的自主性一方面是要分层布置作业，让学生按照自己的学习兴趣和学习需要，选择自己的作业难度等级。解决好"吃不饱"或者"消化不了"的问题。另一方面是正确的评价方式。作业的评价要做到及时、细致、认真。评价一般有口头评价和书面评价。花儿都向阳开放，孩子们也都喜欢、在乎老师的肯定和赞美。因此我们尽量正面评价学生的作业，多鼓励，多赞美，学生就会更有学习的动力。

教学无小事，处处显智慧。教师培养的是适应时代发展并推动时代发展的人才。除了让学生掌握基础知识和基本技能之外，还要发挥我们的教学智慧，培养学生自主获取知识，分析与解决问题，与人交流合作，以及创新的精神和实践的能力。

参考文献
汤叶子.小学低年级英语作业设计方案研究［J］.基础教育论坛，2020（23）：
57–58.

落实"双减"要求，当好"吸睛"主播

——浅谈如何增强小学英语线上教学的趣味性

王 昕

一、集体备课，博采众长——让线上教学"落地有声"

1. 多方联动，线下集备，确定网课形式

从接到线上教学任务的那一刻起，由张校长牵头、教学处统筹，堂岗小学英语科组四年级至六年级的教师闻声即动，立刻召开了科组集备会议，共同确定网课模式、直播模式、网课资源共享、课本、作业类型等事宜，并进行了集备组分组会议。教师积极学习腾讯课堂的使用方法，在集备组内不断调试声音和显示画面。

2. 参加教材培训，宅家也要提升自己

在英语科组四年级至六年级集备的同时，一年级至三年级的教师也没有懈怠。教师结合现有政策，在给学生布置学科指引的基础上，召开线上集备，开始通过"深圳市小学英语资源平台"收看教材培训会，并做了详尽的学习笔录。对老师们来说，停课不停学，我们时刻准备着！

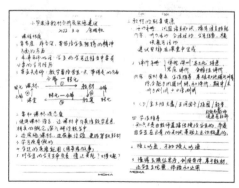

3. 每周两次以上线上集备，形成常态

在开始网课之后，教师充分发挥集体备课优势，由学科组长统筹、备课组长负责、骨干教师引领，形成了完善的"坐小云集备模式"，即"教学计划—教学资源—课堂组织与重难点突破—教学作业设计—教学困难研讨"全方位纳入集备范畴，建成"坐小云集备电子资源库"，做到"每课一集备资源包"，保障教学资源均衡化、优质化，促进线上教学质量稳步提升。

二、课前趣读，博学笃志——课前朗读，连麦督查，学生入座即入学

英语教师深知，英语学习贵在开口，学生口开了，书读顺了，自信便有了，兴趣随即也来了。相比在学校学习，学生居家学习有更充足的早读和课前读书时间，部分学生自制力较差，没有养成课前读书的习惯。集备组教师仔细分析学生在家的状态和实际情况，制定了以下诵读策略。

1. 四年级至六年级学生进行课前诵读，并通过网络沟通督查，内容不局限于课本关键词句

教师结合当前疫情和学生旧知，从学生的实际情况出发，引导学生跟读和防疫有关的短语与句子。学生们的兴趣一下子提高了，都积极地在留言区分享自己的防疫知识，更有细心的同学，早已经翻阅字典，自己翻译并和同学们分享。看着屏幕上同学们积极地举手发言，教师深切地感受到，英语的学习，必须根植于学生们的实际生活，才能最大地激发学生的热情。

三年级英语2月21日到25日学习指引		
时间	内容	推荐阅读（小学英语拓展阅读3A或其他）
周一	听读Unit 1 ABC部分	阅读小短文一篇
周二	读背Unit 1 ABC部分	阅读小短文一篇
周三	听读Unit 1 D部分	阅读小短文一篇
周四	读背Unit 1 D部分	阅读小短文一篇
周五	读背Unit 1 全部	阅读小短文一篇
各班英语教师收集以Spring为主题的英语手抄报，上交优秀作品		

2. 一至三年级学生根据之前下发的学科指引，已形成早读习惯

一至三年级的老师们，也通过集备制定了每日听读内容，确保学生每天有任务，不生疏。教师考虑到一至三年级学生的特点，制定了有学科融合特色的手抄报作业，学生可以发挥自己的聪明才智，绘出自己心中的"Beautiful Spring"。这种学科融合的作业，在一至三年级很受欢迎。集备组教师们接下来还打算布置"I can draw my A"等更多形式的作业，提升学生的积极性。

三、课中趣讲，博学多思——课堂中进行强有力监督模式，课堂拓展内容丰富，点名考勤策略百花齐放

1. 授课内容充实，拓展知识丰富

英语科组教师，在以深圳云资源平台作为托底的基础上，对学生所看视频进行笔记总结，集备组教师每课一集备、每课一笔记。学生每课的笔记都要拍照上传，确保每位同学都做到"好记性不如烂笔头"，勤记勤思，每日温习。除了课堂知识外，教师争取做到与时俱进，拓展充实。

2. 线上听写单词，并通过抽签方式进行考勤

线上教学，学生词句的书写是教师最为难的。集备组教师通过线上听写关键词句这种方式，提醒学生每日复习当日所学。为了激发学生的积极性，教师通过当堂抽签的方式，随机选择学生提交听写内容，这一方面活跃了课堂氛围，让学生重视听写；另一方面也间接地进行了考勤，一举两得。

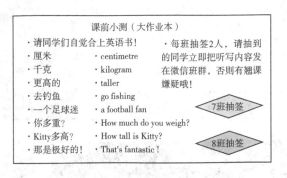

3. 充分利用腾讯课堂平台优势，进行网络沟通、举手、点名、答题等多种互动

为了提升学生的课堂参与度和积极性，集备组教师积极熟悉并熟练运用腾讯课堂的诸多功能，为了一节精彩课程的展示，往往会花费大量的时间和精力。疫情期间卡片道具全部不在身边，那就自己动手做！

为了当好"吸睛"主播，教师也是在摄像头中施展了浑身解数。六年级老

师在网上豪送"冰墩墩"，二年级老师在镜头前弹起了尤克里里！而同学们最喜欢的就是举手和老师们网络沟通。隔着屏幕，老师们都能感受到他们的热情和激动。在深圳线下课堂暂停的这一周，屏幕那头，偶尔也会听到学生和家长一起回答问题的声音，这也真是难得的亲子时光啊！

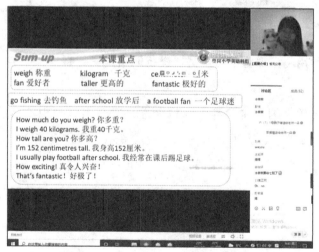

4. 组织线上教研课并评课，分享学习优秀教师的授课智慧

疫情无常，但阻挡不了教师教研的热情。线上教研课，还是第一次听说，教师在集备组内热烈地讨论着。如何让一堂40分钟的课在20分钟内完整地呈现呢？如何更好地突出重难点，为学生答疑解惑呢？如何照顾到每位学生，充分调动学生的积极性呢？数不清的问题一一出现，也被英语科组集体的智慧解决

了。教师依然从课前集备入手，适当缩减每一课知识量，抓住重难点，通过视频连麦、互动回答、屏幕留言、做选择题等方式，让更多的学生参与到课堂中来。课后教师进行线上评课、线下答疑，对学生不懂和不明白的地方进行解答，确保日日清、课课清。

四、课后趣玩，博爱智慧——布置多样性、趣味性作业，并针对学生作业，进行个性化专业辅导

1. 班级小管家提交作业，高效又便捷

英语教师充分利用班级小管家这一多功能班级平台，为学生的课后作业保驾护航。班级小管家中有"自定义作业"与"智能作业"，既可以让学生抄抄写写提交图片、读读背背提交视频，还能进行单词跟读、课文朗读，可谓功能强大。教师独特的评语、其他学生优秀的作业，都可以被班级其他同学们看到，相互激励，共同进步。

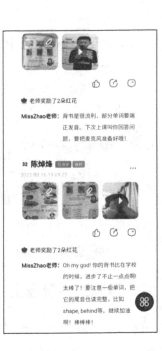

2. 与学生、家长充分沟通，个性化辅导，严中有爱

疫情无情，师生有情。在这种特殊时期，学生和家长更需要教师的鼓励。对学生作业的肯定、和家长适当的沟通，都能对学生起到激励的作用。英语科组教师更是柔中带严，针对学生的个性化问题，进行专业化的辅导，并适当与学生互动，表达师生思念之情。

浅谈教师在教学及班级管理中的沟通艺术

魏嫦君

沟通是人与人交流信息的基本方式。沟通是教师的必备技能。良好的沟通能够帮助教师有效地完成工作，并促进学生的发展。教师只有正确认识沟通的重要性，掌握沟通艺术，才能更好地了解学生、帮助学生。许多人认为，师生沟通主要是班主任的工作。其实，校园中的每一名教师，都肩负教育学生的职责。这是职责，也是担当。

一、何为沟通艺术

沟者，构筑管道也；通者，顺畅也。

沟通是一门艺术。在这个过程中，双方进行了有效的编码、解码和反馈。沟通艺术的精髓在于既能解决问题，又能帮助学生发展。沟通的前提在于教师，教师的一言一行、一举一动都会影响学生。教师站在学生的角度考虑问题，从学生的利益出发，方能找到问题根源。

二、目前班级管理工作存在的沟通低效问题

在班级管理中，许多教师开始重视沟通的作用，并尝试开展与学生、与家长沟通，从而提高自身的教学水平与班级管理水平。但是，依然有不少教师对

班级管理中的沟通艺术运用得不够理想。在和学生沟通时，少数教师态度居高临下，导致学生不敢与教师接近，更别提沟通了。学生拒绝沟通的现状频频出现。又或者，个别教师对于家长"报忧不报喜"或"报喜不报忧"，让家长不能充分认识小孩。

（一）管理观念过时

受传统管理理念的影响，一小部分教师的管理模式也较为落后。部分教师在管理学生时，以学生的成绩为评判标准。教师看不到学生的闪光点，只看到学生成绩单上冰冷的数字，并以此倒推学生的努力程度。一些学生没有找到合适的学习方法，再努力成绩也不尽如人意，可是教师将其归因为学生不努力。师生互相不能理解，因此无法沟通。

（二）沟通缺乏技巧

部分教师与学生沟通时是站在圣人视角要求学生的，自身也无法以身作则。学生自然无法理解教师所说的话和所提的要求。有些学生表面应承着，实际上却没有任何改变。有些学生甚至会觉得教师无理取闹，没有任何信服力可言，内心充满抵触。

三、沟通在教师班级管理中的重要性

（一）有利于营造和谐的环境

师生沟通后，教师了解学生的闪光点与薄弱点，才能更好地给予学生学习上的指导和生活上的关心。教师与家长沟通可以更好地了解学生的学习情况和生活状况，实现家校合作。教师要充分尊重自己的学生，同时协调任课教师与学生的关系，努力营造一个和谐的学习环境，为学生的健康生活与学习提供有力保障。

（二）有利于建立融洽的关系

在学校班级的管理活动中，有效的沟通可以促进师师之间、师生之间、生生之间关系融洽。在很多学生的心目中，教师的形象是高大威严的，许多学生对教师存在畏惧心理。要改变这种情况，教师在校园要多与学生进行交流，这样能够增进师生之间的感情交流，让班级管理工作变得更加有效。当然，教师与教师之间、学生与学生之间的良好沟通对于建立良好关系也同样重要。

四、教师与学生的沟通艺术运用建议

（一）"蹲着"比"站着"更强大

一方面，教师要尊重学生，学会倾听。有时候学生跟教师谈论事情，并不是真的需要教师提供解决措施，而是希望有除了家长以外的成年人能够辩证客观地看待事情，正视学生的真实想法。教师要当好一个倾听者，给学生表达自己的机会，避免出现教师唯我独尊而与学生单向沟通的情况。

另一方面，教师要以平等的地位和学生进行沟通交流。教师要注重换位思考，立足于学生的角度思考问题，避免出现错怪、过分责怪学生的现象。教师对于学生要相对公平，不可出现"双标"现象。

（二）尊重差异

教育的产出是一个个独立的个体，而不是批量化生产。教师在与学生的交流中要注重差异化，即尊重学生的个性。现代社会信息量大，学生正处在无限想象力阶段，可能会迸发不同灵感，教师不能用同样的标准去衡量所有学生。面对沟通过程中学生产生的奇思妙想，教师应该尊重并正确引导。花有百样红，人与人也各不相同。不同的学生"花期"也不同。教师要时刻关注学生的差异，因材施教。

（三）肯定的力量

学生从小耳濡目染，在学校要守规矩，听从老师的话，在学校不要说不。长此以往，部分学生缺乏自信心，容易怀疑自己，不敢表达自己。教师要肯定学生的思考过程，采取鼓励性语言。在与学生沟通时，教师应大力肯定学生做得好的方面。在指出问题时，教师要表达清楚但尽量委婉，避免伤害学生的自尊心。此外，师生沟通还要注意场合。在公共场合，教师应该尽量肯定学生；而在与学生单独相处时，教师分析其自身待改善的地方。

（四）及时沟通

沟通具有时效性。教师发现学生的闪光点或者有进步的地方，要及时对学生进行鼓励，这可达到事半功倍的效果。学生发现教师对自己如此关注，会希望自己能表现得更好以得到教师的再次认可。一旦教师的鼓励延迟，学生内心势必会产生想法，难以发挥出鼓励的作用。因此，教师在教学与管理中，一旦发现学生的闪光点，需要及时鼓励。

五、结语

综上所述，教师在教学及班级管理工作中发挥着重要作用，而沟通效果在很大程度上影响着教师的教学及班级管理工作的质量和效率。因此，教师一定要重视与学生的沟通，并掌握沟通的艺术和技巧。沟通是一种艺术，一个稳定的沟通是温暖的艺术。作为教师，应当在实践中不断探索，不断研究这门艺术，从而促进班级管理活动的顺利开展与学生的健康成长。

英语作业批改评语的魅力

余晓秋

在教学过程中，布置作业是教师检查教学效果和获得信息反馈的一个重要手段，而批改作业则是教师在课后与作业个体的学生进行信息和情感交流的有效方式。这时，作业批语就是教师情感输出的载体，它体现了教师对学生作业的意见和态度，体现了教师对学生学习成果的认可或否定。批语内容所蕴含的情感意义，从某种角度来看，会直接影响学生的学习情绪。因此，笔者认为，好的作业批评语应该具有一种积极的情感魅力。怎样让作业批语具有情感魅力呢？笔者在教学实践中，总结了一些做法。

一、生动活泼，热情洋溢，表扬有针对性

作业批语忌千篇一律、死板教条，而应以生动活泼、因人而异、有针对性为好。对成绩历来很好，作业、卷面干净整洁且正确的学生，只需用"Good！""Very good！""Wonderful！"或"Excellent！"等简单的褒义词来表达赞扬；而对那些需要鼓励的中等或后进学生，就要抓优点，用略为夸

张的感叹句进行肯定和赞扬，顺带提出希望，这样效果较好。例如，对字迹工整、认真但作业却有错，或是作业基本正确但书写不够工整、认真的学生，我们不妨给出以下批语：What a beautiful handwriting! If only be more careful! （多漂亮的书法呀！要是作业再仔细一点就好了！）Well done! But would you please improve your handwriting? （做得很好！再设法改善一下你的书法怎么样？）针对各种不同情况，可以用来表达赞扬和鼓励的类似批语还有：I'm so glad to see your great progress in your exercises.（你的作业进步这么大，我真高兴！）Try again, I'm sure you will do better next time! （再努一把力！相信你下次会做得更好！）这些感叹句和祈使句简单明了、富有情感，很能打动学生的心，使他们受到鼓舞。

二、幽默风趣，委婉动情，批评有艺术性

对作业较差的学生，批评要注意艺术性和启发性，避免伤害学生的自尊心。英语中的委婉语和虚拟语气常可以用来表达批评意义的指导，如"If only...！""How I wish...！""Would you please...？""I'm afraid of your..."，等等。我们可以使用这类评语："If only your handwriting were better! "（要是你的字能写工整点该多好啊！）"I'm sorry to see you didn't use your own head this time.Will you do it all by yourself next time? "（我很遗憾，你这次作业没有使用自己的头脑。下次作业独立完成，好吗？）"Would you please pay attention to...? "（请你注意……好吗？）。

三、关注后进生，批语注意连续性

每一个学生都希望得到教师的特别关注，而学困生尤其如此。经常得到教师批语的学生，能从批语中感受到教师真诚而独特的爱，从而产生一种情感动力，促使成绩进步。因此，写作业批语时对后进生应有所侧重，并保持一定的连续性，注重每一次批语的反馈及该生的进步，及时给予鼓励。例如，若批评过某生的书法，后发现其有所进步，应立即给予表扬："I've found your handwriting is better than before.Thank you! "（我已发现你的字比以前好了，谢谢你！）又如，上次批评过某生抄作业，后来发现他自己独立做作业了，尽

管作业有错，但应立即鼓励："Wonderful in spite of a few mistakes！ You have made progress now！"（好极了！尽管有点小错，但你已经进步了！）

这些批语加上课后的辅导和交谈，笔者相信学困生会逐渐进步的。作业批语的情感魅力也得以体现。凯洛夫说："感情有着极大的鼓舞力量。"如果教师在每一个教学环节上都有对学生倾注真诚的爱，我们的教育就会焕发出积极的情感魅力。

参考文献

[1]黄峥.英语作业评语的魅力 [J].山东教育，2009（Z1）：103.

[2]秦立蕊.浅谈英语作业评语的魅力与写法 [J].科技信息，2011（7）：
   699，800.

音乐学科理论研究

以景带情，蕴舞触乐

高跃阳

随着国家对教育教学改革的不断推进，学生的学习生活也在近年发生了一定的改变。为了更好地落实立德树人的根本任务、发展素质教育，保障每个学生更快乐健康地成长，教育部发布了"双减"政策。

在实践中增强规则意识、责任意识和学习意志力等，发展交流与合作能力。身为舞蹈教师的笔者，虽然可能在音乐教学中有一定的弱势。但是，新课标的出台，让我们的专业也有了更大的发挥空间。我们可以利用舞蹈让学生更好地感受音乐。可以用身体舞蹈出节拍，或者感受乐句与乐句之间的不同。如何利用我们的优势更好地开发学生的多维智能，更好地感受音乐，也是我们身为舞蹈老师需要努力探索实践的。寻找适合的音乐课内容，结合舞蹈律动的方式，更好地提升课程的综合性，让学生在不同的维度中感受音乐带来的美的享受。

一、确定适合开展音乐舞蹈教学的主题

新课标的出台就像一顿菜品丰富的自助餐。如何正确地选择适合的手段开展音乐教学，成了我们老师每天的功课。如何既培养学生音乐素养，还能增强规则意识、责任意识与合作能力？《龙舟竞渡》这一节的音乐课，可以作为尝试的音乐舞蹈教学的主题。这节课主要是通过多声部的节奏训练，让学生增强稳定拍，增强班集体的凝聚力，以及增加对端午节这一中国传统节日的了解。

那么，我们就可以利用舞蹈律动，让学生更加直观地感受多声部的魅力。用表演、创编体现中华民族"人心齐，泰山移，众人划桨才能激流勇进"的精神，提高班集体的凝聚力。

有了这一想法，我们在设计《龙舟竞渡》这一节音乐综合课的时候，就是从中国传统节日元素展开学习，结合节奏、律动、创编体验感受。它不仅结合了端午节传统文化知识，更加融入了同学们协作创作创编意识。一个开放式的音乐教学环境，更好地激发学生对学习音乐，感受创编表演的乐趣。

二、创设适合开展音乐舞蹈教学的情境

情境教学源于音乐教材及学生实际生活，这一教学方法能更形象、直观、生动地表达音乐，其教育效果比直接上音乐课更好。《龙舟竞渡》这一节音乐综合课选择端午节作为主线，让学生在情境中不仅能体验多声部节奏的魅力，也能感受划龙舟的乐趣。教师的准备活动有意运用划龙舟的动作来热身导入，让学生不知不觉中学会了划龙舟的动作，同时也能激活学生学习的热情。当学生的积极性被大大地调动起来，富有独创的个性表达中会出现许多意想不到的惊喜。这样，把创新变成一种学习习惯，从中不断地获得共同参与创作的成就感，这样更加有利于学生的成长。

三、设置适宜进行音乐舞蹈教学的环节

本节课是以端午节为基础，充分利用了学生对生活的观察以及端午节的理解，整合出的一节利用情境教学手段进行的音乐综合课。

整节课首先在导入方面，就设置了"心有灵犀"这一游戏环节。让学生做出动作、猜成语，揭出赛龙舟的题目，激发学生学习兴趣。再通过大鼓以及不同声部的节奏声势加入，让学生感受到端午节中赛龙舟的气势。再次提高学生的大脑兴奋程度，让学生可以积极参加到热烈的学习氛围中。将情绪调动起来，让学生在一个积极的气氛中学习，才能让随后的学习动作以及创编环节有一个不错的学习效果。

这节课通过一个小小生活场景，把孩子们分成不同的组，体验协作创作创编赛龙舟舞蹈段落的快感，让学生投入生活化的表演场景中去，感受音乐的魅

力。从生活中提炼动作，升华为具有舞蹈性、合作性的小片段。这一教学方法的引导，不仅能让孩子们真切地感受到舞蹈来源于生活；而且通过不同节奏的不同动作相互配合表演，也让学生用身体感受节奏，让学生的印象更为深刻。这节课的环节设置可以启发学生观察生活、勤于思考、愿意尝试。拉近脱离生活的音乐艺术与学生的距离。让学生不再觉得音乐只能用耳朵去聆听，我们也可以用不同的方式去表现和感受音乐。让学生可以快乐地投入音乐表演中，也让他们更加热爱音乐表演，从而能够热爱生活，这也正是音乐艺术的魅力！

四、结语

有人说音乐只是娱乐，这种看法既没有看到音乐的严肃性，也没有看到其教育意义。让非专业的学生可以在愉悦、轻松的游戏课堂中，掌握音乐知识。通过有效的教学手段，让更多的学生融入音乐课堂中。这样的音乐课堂不仅有艺术审美的体验、领悟和理解，也能潜移默化地训练学生的左右脑，活跃学生的思维。同时，还能愉悦学生的心情，在繁重的学习任务中得到片刻的放松。让学生在聆听音乐的同时更能有美的体验，并定期进行汇报与展示。鼓励学生不断进行交流与讨论，使学生艺术素养逐步提高和多样发展，同时用音乐挑战身心是一种乐趣。

美育教育是对学生全面人格的塑造。"双减"和"新课标"的到来，让学生学习更好地回归校园，在校内"吃饱""吃好"。有效缓解家长焦虑情绪，促进学生全面发展、健康成长。希望在学生仍然对世界充满好奇的年纪，让他们能够拥有一双发现美的眼睛，聆听世界美好的耳朵，以及一颗富足而多彩的内心。而这些审美教育，都是美育教育中的重要组成部分。未来，艺术是孩子增加生命的厚度、人生宽度的利刃，也是学生们赖以生存的氧气。

参考文献

［1］范绮涵.以游戏舞蹈助推舞蹈美育的实践研究［J］.艺术教育，2017
（17）：118-119.

［2］张前高.奥尔夫音乐教育［M］.南京：江苏大学出版社，2015.

［3］黄娟莉，胡征.中小学舞蹈美育的实践研究［J］.艺术评鉴，2021（9）：
125-127.

美术学科理论研究

学科融合背景下美术剪纸教学中的
中华优秀文化传承
——以坚岗小学剪纸课堂为例

单熙尧

一、剪纸教学的现状特点

从古至今，剪纸艺术在中国大地上广泛流传，它具有样式多、数量大、历史久的特点，拥有很深的民间基础，是其他民间艺术难以比拟的。在各种民俗活动中，剪纸以它独特的形式默默地唤起人们对生命的追求、对生活的信念，也寄托和体现了中华民族对真善美的追求和向往。随着剪纸进课堂等多种形式的出现，剪纸文化正在重新回到大众视野。

一把小剪刀剪出不一样的缤纷世界。剪纸这项民间艺术易于学生学习和接受，有着独特的艺术造型和美感表现。剪纸教学仍在探索阶段，在小学范围内有很多优秀的教师对剪纸教学做出了突出贡献。作为中小学美术教师，有传承文化、发扬文化的责任，若想使剪纸这一古老艺术形式得到发扬与传承，就要重视剪纸等民间手工艺形式，把传统手工艺引进课堂，带学生走进剪纸世界，爱上传统文化，让它在美术教学领域扎根、开花、结果。以坚岗小学剪纸课堂为例，以点到线再到面，辐射全国，分析剪纸艺术中的传统文化表达。

二、剪纸艺术中传统文化知识的传承

（一）剪纸艺术中传统文化知识的时代意义的发扬

1. 传统文化知识的当代价值阐述

中国特色社会主义文化起源于中华优秀传统文化，并且是在中国共产党的奋斗历程中不断传承与弘扬、发展与创新的结果。要坚定文化自信，推动中华优秀传统文化创造性转化、创新性发展，继承革命文化，发展社会主义先进文化，不断铸就中华文化新辉煌，建设社会主义文化强国。

2. 传统文化中吉祥语的产生与发展

吉祥文化是中国传统文化的一个分支，中国人讲究"吉利""说吉利话，讨好彩头"。吉祥用语的应用遍布日常生活，也成了逢年过节的必备。在一些重要的节日来临时，节日庆祝往往是隆重浩大的，因此产生了许多的吉祥语。例如，庆祝春节时通常会用红纸写一些对联和吉祥语贴在家中，如"出入平安""五福临门"。而过年时如果不小心摔破了碗，也借助谐音演绎出"岁岁平安"；如果放鞭炮时不小心着火了，"火烧财门开"又是人们常说的吉祥语。这些吉祥语都是对新年和美好生活的期盼，随着应用的广泛逐渐演变成为我们日常生活中的吉祥语。

3. 吉祥语中叠音词、谐音词的应用

叠音，通过用相同的字重叠组合，带给人一种言有尽而语无穷的韵味，如"财源滚滚""六六大顺""红红火火"等。通过叠音的巧妙运用让吉祥语更具感染力，有效营造出一种吉祥、喜庆的氛围。

（二）传统文化知识的保护性传承

运用科学态度，对优秀传统文化进行挖掘和保护。社会主义新时期，要用什么样的态度和方法传承中华优秀传统文化，怎样能更好地发挥出优秀传统文化的当代价值，这是值得深思的问题。

三、注重剪纸文化的创造性转化与创新性发展

创造性转化是指把一些中国传统文化中的符号与价值系统加以改造，使经过创造的符号与价值系统变成有利于变迁的种子，同时在变迁过程中继续保持

文化的认同。中华传统文化有着封建社会的内容，在当代，这显然会阻碍社会的发展。因此，要运用马克思主义指导思想对传统文化进行转化，让传统文化与当前的中国特色社会主义相适应，挖掘中华传统文化中的优秀成果，根据时代要求赋予其崭新的时代内涵，不断与时俱进。

（一）剪纸教学中诗词文化的应用

诗词文化是我国独有的一种文化艺术形式，是我国的文化积淀和瑰宝，是传统文化中的经典，往往具有言简意赅、语短情长、蕴含无穷的审美特征。一首优美的诗词，寓情于景、情景交融，往往使听者头脑中呈现一幅幅清新优美、意境悠远的画面，让读者反复品味，展开遐想，获得精神的愉悦或熏陶。

（二）剪纸教学中传统文化中的生态文明建设体现

根植于中国传统文化的生态文明建设思想具有深厚的文化根基。生态文明是人类保护和建设美好生态环境取得的物质、精神、制度成果的总和。立足于中国传统文化，把握和理解中国传统生态文明思想。儒家思想历来倡导人与自然共生共存，强调二者的同构性和互补性。道家发扬"道法自然"的价值观念，其观点是万事万物都有自身独特的运行机制，应秉持和谐相处而非针锋相对的价值观念。

（三）剪纸教学中对传统文化知识的重新定义

《剪纸娃娃——抓髻娃娃》一课中，由岩壁画导入，问学生看到了什么，用岩壁画引出抓髻娃娃的外形是双臂上举、双足外翻、微微下蹲的人。为什么会出现抓髻娃娃？它的作用是什么？利用学生的好奇心，引发学生学习兴趣。讲解抓髻娃娃被人们赋予神力，甚至还运用到现如今的影视作品当中。把《捉妖记》《千与千寻》中出现的"娃娃"形象带进课堂教学中，在抓髻娃娃剪纸造型中，大量具有象征意义的图案也赋予了抓髻娃娃强大的生命意味，使其成为一种神性的象征、一种延续生命的载体。

四、剪纸艺术从中国走向世界

近年来，随着外来文化的不断涌入，传统文化在人们脑海里的认同感越来越模糊。当代青少年在面对纷繁复杂的国际文化时很难找到属于自己独一无二的民族标识。在剪纸课堂上，通过展示剪纸艺术的风格特点与制作技巧，引导

学生了解、认识剪纸并参与文化传承活动，激发学生对本土文化的热爱，有利于民族文化的传承和弘扬，继而强化学生对非物质文化遗产保护的意识。同时参与剪纸实践，不但能提升学生的动手能力、剪纸技能，对锻炼学生的耐力和毅力、培养学生的创造性思维、促进学生审美意识的形成也具有积极意义。

参考文献

［1］李凤亮，古珍晶.新时代中华优秀传统文化现代化转换的价值、路径及原则［J］.东岳论丛，2020，41（11）：111-118，191.

［2］罗昊，许平山.传统剪纸"抓髻娃娃"历史文化考源［J］.齐齐哈尔大学学报（哲学社会科学版），2017（11）：162-164，167.

［3］刘建兰.民间剪纸艺术在美术教学中的运用：试论美术课堂教学创新［J］.长江丛刊，2017（6）：33，42.

［4］蒋萌.中小学美术课堂中的剪纸艺术教学［J］.广西教育，2019（5）：42-44.

在多元文化情境中品味人文"营养套餐"

——浅析《石狮》一课教学

李　静

　　美术课是学校教育教学"餐饮"中学生最喜爱的营养套餐，这就要求我们美术教师，即大厨们，既要"色香味"俱全，还要"营养"搭配合理，才能吸引学生"点餐"，进而愉快地"进餐"。

　　《石狮》一课是岭南版美术教材第九册第十六课的内容。在中国众多的园林名胜中，各种造型的石狮子随处可见，古代的官衙庙堂、豪门巨宅大门前，都摆放着一对石狮子用以镇宅护卫。直到现代，许多建筑物大门前，还有这种安放石狮子镇宅护院的遗风。

学生对石狮的传说、来历等趣味性的人文知识非常感兴趣，他们会在课前提出许多有关石狮子历史及文化方面的问题，如：我国古代没有狮子，狮子是怎么来的？为什么我们中国人如此崇拜狮子？

但由于学生的年龄特点，他们对狮子的造型还缺乏认知。如果此课单纯讲石狮子的文化内容，不涉及造型，那只能称其为一节艺术欣赏课，做得过了头甚至会上成一堂语文或者历史课，如何既体现民族文化传承上的人文精神，又具备美术课的原汁原味，在查找多方资料后，笔者以学生为主体、以人文内涵为原料，在多元文化情境中，为学生奉上了一套风味独特的营养套餐。

一、"开胃菜"：在体验中发现生活美

"开胃菜"是整个套餐的前奏，特点是量小开胃。

笔者在课的导入部分，先入为主，让学生回忆见过的狮子形象，并将其印象深刻的部位画在纸上。因为没有任何参照物，学生会把最感性的东西表现在纸上，例如长长的鬃毛（一般学生会用很杂乱无秩序的线条来表现）、两只睁得圆圆大大的眼睛，还有张开的大嘴，里面画满尖尖的牙齿。从学生认知角度上来看，这是最朴素、最本质的表现，他们用这些简单的线条来表现狮子的凶猛。

此处的设计意图是让学生全员参与，教学中的每个环节都应属于孩子们，而不仅仅是教师和几个优秀学生的课堂。即使个别学生只画了几笔，甚至不成形，但对个体而言，他的参与就是一种思考的过程，哪怕结局不尽如人意。所以，在接下来展示真实狮子的照片时，不用教师多说，学生会自觉找到意象中所表现的狮子与真实狮子的差别，对狮子的外形有了进一步深入的了解。

这只是个小小的引子，从"感"入手最后上升到"知"，培养了学生的观察能力，造型能力也会有小小的提高。

接下来，继续让学生回忆见过的中国狮子，在此处特意强调"中国"两个字，有别于刚才学生表现的生活中的狮子。

与前一步骤相比，石狮的造型更复杂，学生在画的过程中往往不能表现出石狮整体的外形特点，所以以局部造型为主，有的学生画出伸出的爪子抓住球的局部，有的画出狮子头上的卷毛等。这些局部在展台上依次呈现给学生，组

合在一起就是石狮的完整形象。

二、"营养汤"：在探究中感受造型美

"营养汤"润滑肠胃，饭前喝更能促进消化吸收。

从生活中的狮子向中国石狮造型的过渡，学生了解了狮子的外形特点，但内在的文化内涵，学生是没有体验到的。

如何了解中国独特的艺术造型美，是本节课的重点。

笔者设计了多元的文化情境，给学生展现出古罗马时期西方石狮子的造型，通过与之前所画的真实狮子做对比，学生很容易得出西方狮子外形比较"写实"的特点，接下来展示中国狮子，当图片出现在屏幕上时，所有学生都"哇"的一声，被中国狮子威猛的造型着实震撼了一下。两类狮子的强烈对比，多元文化的相互交织，学生由衷地感受到了东、西方雕塑造型艺术的不同魅力，从而也得出中国狮子的外形特点：造型夸张，极富想象力。

三、"主打菜"：在发现中寻找细节美

一个套餐最有营养、最耐人寻味的就是"主打菜"，"主打菜"的好坏直接影响套餐的品质。

笔者精心调配了一份"主打菜"呈现给学生。因为这道菜的"原料"是学生课前自己准备的，所以学生"吃"起来特别有味道。

课前笔者让学生提一些与狮子有关的问题，有的同学想知道：中国不产狮子，狮子是什么时候传到中国来的？还有为什么中国人如此崇拜狮子？

学生带着产生的疑问，课前查资料，自然而然地将"营养"进行了吸收。

自主学习，自主探究，从而得出结论：狮子是舶来品，是在西汉时期由张骞从西域带到中国来，狮子又是文殊菩萨的坐骑，所以在中国受到礼遇，成为瑞兽。

在课堂上还即时生成了一个很有趣的问题，如何分清石狮的雄雌？生活中的雄狮头部有鬃毛，雌狮没有，而中国石狮子全部有卷卷的毛发，如何区分呢？细心的学生发现，有的石狮爪下有小狮子，有的踩着球，从而得出结论：爪下踩球的是雄狮，爪下踩小狮子的是雌狮，摆放的位置，左为雄，右为雌，

这也符合中国传统阴阳的男左女右的认知。

萧伯纳说过：你有一个苹果，我有一个苹果，交换了还是一个苹果。你有一种思想，我有一种思想，交换了便有两种思想。

学生在课堂上的资料交流、相互碰撞的过程，也就是多种思维创作的过程，而由真狮子—石狮—瑞兽，石狮来历及为何成为瑞兽的"细节"，必须经过感知的过程才能上升到理性思考的过程。

四、"甜点"在展示中寻求实用美

三道别具风味的菜下了肚，已使学生精神焕发，创作热情饱满，在此基础上，笔者又为同学们准备了一份"甜点"。

在哪里见过石狮？想想南北石狮的差异。

石狮不仅仅蹲在庙门口、衙门门口，在香炉脚、屋檐顶、方印上等都有它们的身姿。

北方狮子由于帝王建都的原因所以威武庄严，南方狮子相比较活泼俏皮……

在展示中国狮子在中国建筑及装饰品中的应用时，所有的结论是学生自己通过观察、比较发现寻找到的，笔者没有给出一句评述性语言，学生自己尝到"甜头"，不是别人强加的，在情感上多了一份自然的流露、少了一份牵强。

在结尾处，笔者继续请学生思考，了解了石狮的文化，进行了石狮的造型表现，还产生出哪些有关石狮的其他问题，学生的问题诸如：为什么有的石狮的嘴是闭着的，有的是张开的，有的石狮为什么耳朵长得像狗耳朵，耷拉着毛发盖住眼睛，等等。笔者因势利导，关于中国瑞兽的传说还有许多，再有一些建筑物上的瑞兽到底是不是狮子，或是其他瑞兽，例如九龙之子的传说，同学们可以在课下继续寻求答案。学生带着问题走进课堂，解决后，又继续带着问题走出课堂。

通过师生的学习探究活动，我们都从中体验到了套餐加工过程的快乐，在"品尝"后也有一些小小的改进建议，和各位同人共同商榷：

（1）在"开胃菜"部分，讲解各部分画法时不够透，时间尺度把握得不好。

改进措施：在展台上进行演示，并请下面的同学也试着画一画，全体学生

参与找各部分特点的绘画过程。

（2）课有一点"赶"的感觉，例如在"主菜"上来后，学生刚品出一点"味"来，就急着把下一道菜端上来，没有"细嚼慢咽"的过程，势必会引起学生的"消化不良"。

改进措施：在重要环节一定要放缓课堂节奏，让学生在轻松的环境下学有所得。

以上是笔者上完这节课后一些粗浅的想法，"教无定法，贵在得法"。通过本课，笔者发现课上给孩子们更多选择的自由权，让孩子们高高兴兴地端着盘子挑选自己的最爱，"吃"得开心、"用"得尽兴，教者才会"导"得有趣、"引"得有味。

参考文献

[1]汤一介.中华人文精神读本[M].北京：北京大学出版社，2009.

[2]张岱年.中国人的人文精神[M].贵阳：贵州人民出版社，2018.

[3]乐黛云.多元文化中的中国思想[M].北京：中华书局，2015.

[4]尤广熙.中国石狮造型艺术[M].北京：中国建筑工业出版社，2003.

课堂小练习在小学美术剪纸教学中的运用研究

谢舒沁

一、剪纸在小学美术课堂的开展及重要性

《国务院办公厅关于全面加强和改进学校美育工作的意见》中要求，美育实践活动是学校美育课程的重要组成部分，要纳入教学计划，而学习优秀民族民间艺术等情况与表现要作为中小学生艺术素质测评内容。

美术教育的深化发展，离不开丰富的传统文化来做支撑，而小学美术教学

由于受到技艺、时间等限制，难以体悟和挖掘剪纸作品背后所蕴含的价值取向和积极的文化理念，这就必然促使教师积极开辟剪纸课堂教学，开展丰富的剪纸课外活动，来完善和补充剪纸艺术在小学美术教育的开展。我国在美术艺术发展当中，有非常多的创造性成果，给中华民族带来了巨大影响，更是在世界艺术长廊当中扮演着重要角色。

二、研究思路及方法

1. 研究思路

传统的剪纸教学方式是一种"被动式"教育，不能很好地发挥学生的主观能动性，同时这种模式下的教育教师较少做理论分析，也较难从理论上去启迪学生，因为更多的是让学生去临摹，导致学生自我创作的灵性很难发挥，这也是使学生对剪纸丧失学习动力的原因之一，针对这样的情况，要运用"学生创作为主，教师辅导为辅"的教学方法，从课堂小练习着手，细化教学内容，让学生自身去分解各大难点，逐个击破，由易到难，步骤清晰，让学生更扎实地掌握知识。

2. 研究方法

（1）文献研究法：搜集、学习有关剪纸教学方面如何培养学生综合实践能力方面的理论专著和科研信息，指导本课题研究的全过程。

（2）行动研究法：本课题研究主要采用行动研究法。具体来说有以下方面：

① 梳理剪纸文化的教学要求和建议，整理剪纸教学目标在小学各年级的不同层次和要求；

② 开展一系列有关剪纸文化教学的专题培训，加强理论储备，提高教师自身的民族文化素质；

③ 结合实践教学中存在的问题和困惑，开展一系列美术与剪纸文化传承教学的研讨活动，探索如何在美术教学中创设剪纸文化情景，开展教学评价。

（3）案例分析法：课堂教学及课外活动中，对学生经常进行观察、调查、个别谈话，以考察剪纸艺术对学生发展的影响。

（4）经验总结法：通过实践探索，总结教学活动中的心得体会。寻找理论依据，不断提高课题研究价值，做好实验资料的储备、整理工作，运用于整个实施阶段。探索课堂小练习在剪纸教学中的内容、方法和技巧，总结剪纸艺术实践中最有实际效果的经验，并进行概括和升华，编写出相关的作品集。

3. 预期成果成效

（1）从教学理念上给予美术教师以引导，明确在小学开展剪纸教学的积极文化理念与人的发展意义。

（2）通过对课堂小练习在剪纸课堂中的设计，对不同层次的教育对象以及不同的教学内容有选择地在教学中渗透技法教学，以满足不同层次的需要。探索出适合于美术教师进行剪纸教学的有效途径。

（3）在美术教学方面，拓展范围，综合小学生年龄特点，分低、中、高三个年级阶段研究剪纸素质培养的教学手段、具体目标和教学评价；包含相关案例、论文。

参考文献

［1］徐芳.借助练习，积淀美术素养［J］.江西教育，2018（15）：94.

［2］阿来胡.浅谈学生剪纸指导策略［C］//北京中外软信息技术研究院.第五届世纪之星创新教育论坛论文集.北京：北京中外软信息技术研究院，2016：198.

点燃　让运动成为礼物

林怀恩

尊敬的各位评委专家：

大家好！今天我演讲的题目是"点燃　让运动成为礼物"。

我所就职的学校位于粤港澳大湾区和深圳西部中心区，多重区位优势叠加，越来越多的人选择来这里创业、安家。我赶上了最好的时机，以宝安教育人的身份投身其中。很幸运的是，从小踢足球的我，到学校后担任的就是足球课教学和专业足球训练工作。能将所学专业和最大的爱好变成自己的职业，欣喜之余，我也花了更多的时间来钻研教学和带队。

2020年国家颁布了《关于全面加强和改进新时代学校体育工作的意见》，2022年又颁布了新的课程方案和课程标准，作为新时期基层体育教师，我越来越清楚地认识到，我们要坚决贯彻落实习近平总书记关于教育、体育的重要论述和全国教育大会精神，要把落实"立德树人"根本任务，融会贯通到每一节课、每一次训练当中。我认为我可以更简单、更好地去落实国家的精神和国家的要求。那就是，既要让学生喜欢踢球，让队员踢好球，还要教他们在课堂上要专心练习，训练场上要敢于拼搏、善于拼搏！要争做有思想的、敢作为的球员，享受足球运动带给自己的快乐，享受童年成长的乐趣。

对于足球课，男生普遍很喜欢，如果给他们机会组队比一比，他们的热情会瞬间暴热起来。但是女生往往显得不太感兴趣。有一天，我在课堂上给同学们讲和世界杯有关的知识时，特意放了一首1998年法国世界杯主题曲《生命之杯》。意外发生了，在极有代入感的视频画面感染下，教室里歌唱声此起彼伏，女孩子们破天荒地跟着吼了起来！

"老师，你能不能现场随着音乐颠个球！"一位男生带头喊起来，紧接着同学们都拍着巴掌让我来一个。当时我也没有多想，拎了个球就随着音乐的节奏颠了起来。好家伙，音乐结束了，孩子们的手板都拍红了，看我丝毫没有结束的意思，孩子们的掌声更热烈了。课后我想起了爱因斯坦讲的那句话：如果把学生的热情激发出来，那么学校所规定的功课就会被当作一种礼物来领受。是的，女孩儿不喜欢踢足球，其实就是没有感受到足球的魅力，所以，她们需要点燃！对，点燃了热情，足球运动就成了送给她们最好的礼物。从第二天开始，我就把足球课中的颠球练习、带球绕杆、带球射门、热身和放松环节都加入世界杯主题曲作为背景音乐。当足球文化与足球运动、训练完美结合时，我看到了孩子们眼里闪烁的光芒，看到了他们咧开嘴恣意的、甜美的笑容。那一刻，我觉得自己就是世界上最幸福的老师！

如果有人问我，每天你最享受的时刻是什么时候，我一定会说，我很喜欢看学生笑着踢球！要不然我给你描绘一个画面：伴随着晨风、阳光，笑声和奔跑声、呐喊声洒落在硕大的操场，难道你不会觉得自己是世界上最幸福的人吗？

好吧，我想我会一直享受这个过程。为了这美好的享受，我还要记住第斯多惠的提醒：谁要是自己还没有发展、培养和教育好，他就不能发展、培养和教育别人的。

从今天起，我会更加努力！

为了点燃，为了点燃孩子运动的热情！为了让他们收到我送给他们的礼物！

感谢各位评委老师，我的演讲到此结束。

立德树人守初心　做好教育践使命

王芳

中华上下五千年，历来重视师德师风，古有万世师表的孔子用"每日三省吾身"来要求自己；儒家学派的集大成者朱熹用"博学之、审问之、慎思之、明辨之、笃行之"来约束自己。陶行知先生用"身教"和"毅力"作为教书育人的准则。

而今，习近平总书记就师德师风给出了重要指示，他说："要加强师德师风建设，培养高素质教师队伍，倡导全社会尊师重教。"他还说："教师应该有理想信念、有道德情操、有扎实学识、有仁爱之心。"

身为一名体育教师，我要紧跟习近平总书记的指导思想，在立德树人方面做到以下几点。

1. 树立坚定的理想信念

读书时，我仅仅在理论上了解到教师的职业特点，并没有发自内心的想法，直到在工作后我才对这个职业有了新的认识。记得有一次周五上课，我问几个孩子："明天放假你们开心吗？"然后从他们的脸上和话语中看出他们这个年龄不该有的表情和无奈，是啊，各种补课班、各种培训在吞噬着他们的假期。从那以后，每当我走进教室看见孩子们满怀期待的眼神和渴望出去的时候，每当其他老师找我调课走进班级后他们发出的"嗯？体育课"以及激动得手舞足蹈的时候，我感觉自己像明星一样光彩夺目，他们是多么享受体育课能带给他们的片刻自由。体育不仅能增强体魄，而且还能陶冶情操、释放天性。孩子们在阳光下自由地奔跑，尽情地挥洒汗水，无忧无虑快乐着，而我也乐在其中，这也更加坚定了我作为一名体育教师的信念。

2. 培养高尚的道德情操

合格的教师应该是以德施教、以德立身的楷模。我会用实际行动为孩子们树立榜样。面对不同的学生，因材施教，进行赏识教育，让每个孩子都能够在课堂上展示自我，找到自信。我曾经有一个学生，学什么都很快，动作又很标准，我可以毫不夸张地说，他做得比我好，可是呢，每当让他上前展示，他都会紧张得全身发抖、额头冒汗、说话哆嗦。我认为这么优秀的孩子，就应该把最完美的动作和最自信的状态展示给大家，成为学习的榜样。于是，我会每次课有意锻炼他，请他示范，帮忙维持纪律。久而久之，他从那个胆怯的孩子变成了我现在的得力助手。所以我始终坚信，多一点耐心，多一点鼓励，每个孩子都可能变得很优秀。

3. 磨砺扎实的知行学识

由于体育教学的特殊性，要求教师在教学过程中大多使用肢体语言，我们的动作展示就是我们的名片，在理论讲解之余，配以动作示范。用精湛的技术、优美的姿态使学生领略到体育的魅力，进而"亲其师、信其道"。

4. 充满亲和的仁爱之心

孟子说："爱人者，人恒爱之；敬人者，人恒敬之。"教师不仅是"引路人"，还应该是学生的朋友、家人。如今我已经成为一名母亲，角色的转变让我在上课时多了一些母爱，每当我看到孩子们清澈、单纯的眼睛，我就想起了我自己的孩子，不管他们上课表现得怎么样，他们也只是孩子，对待他们应该像对待自己的孩子一样，给予更多的包容和关爱。

"一个人遇到好老师是人生的幸运，一个学校拥有好老师是学校的光荣，一个民族源源不断涌现出一批又一批好老师则是民族的希望。"身为一名教育工作者，我们肩负着祖国和人民的重托，担子上"一头挑着学生的今天，一头挑着民族的未来"，可谓任重而道远。

我们应该恪守一名教师应有的职业道德。守住心灵的宁静，做好教育的基石，立德树人，不仅仅做一名为人民服务的教师，还要做一名让党和人民满意的教师。

坚持　我与孩子一同成长

倪宗文

记得2018年暑假期间，学校派我带队到上海崇明岛足球基地集训，有幸遇见了徐根宝老先生。在专业技术指导课结束后，他语重心长地跟我们说：要记住，我们搞青训的，除了要教会孩子踢球、比赛，更重要的是教会孩子做人！徐老说这话的意思我们都明白，教书育人是教师的基本职责，只教踢球，不重品质，你带出来的队伍走不远。

上海之行收获颇丰，开学前我早早制订了新的训练计划，调整了各个环节的内容。为了让训练效果更好，开始训练的第一天早上我就早早到操场布置场地、摆放器材，然后按训练计划走一遍流程、适当调整各项安排后，我便精气神十足地等着队员进场。果然，姑娘们一进场就围着我问：教练，今天的场地摆放有变化哦！有个女生还大声说：今早我进校门的时候就发现，教练自己在场地上练习早训课内容！听她这么说，旁边也有好几个附和的，说她们也看见了。我发现，其实我的队员还真挺有心的！除了夸她们观察仔细，我还告诉她们，以后教练每天都提前做好训练准备，早课、下午的训练课都这样！

不知道是不是受当时的气氛影响，每个人都争着抢着表示自己明天要第一个下来训练！

不用说，第一天的早课超乎想象的好！结课前我还增加了一个总结环节，让大家畅所欲言。看得出，她们十分珍惜我为她们精心设计、准备的早训，也非常喜欢结课前的分享小结活动。

时间一天天过去，我的课前准备坚持得很好，队员们的变化很大：迟到钉子户没有了，丢三落四忘带球鞋、忘带护腿板等小状况少之又少。往往在这个时候，队员中总会出现活雷锋救场，护腿板、鞋带、扎头发的头绳，就像变戏法一样从队员们的包包里出来了。

还有很多让我感动和欣喜的事情，比如队员们开始主动加练我为她们布置的练习内容，比如对于训练要求和对抗比赛的一些细节，她们也会主动向我询问、沟通，以便做得最好。

工作闲暇的时候，我的同事提醒我，你带的这群女生不错，天天和你一起来摆场地，这个习惯好，团队建设不错！也有同事告诉我，我发现你带的队员真的团结，而且她们都很听你的话，听说在班级表现都挺好哦！那当然，教书育人嘛！那一瞬间，我好像回到了2018年上海集训的那个场面，仿佛回到了徐根宝老先生给我们讲话的那个场面。是的，既要教她们踢球，还要教她们做人！

未来我会继续坚持我的工作，坚持给孩子们带来正面的影响，坚持和孩子们一同成长。正如美国诗人惠特曼的诗歌《有一个孩子，每天向前走去》中所描述的：有一个孩子，每天向前走去，他最初看到了什么，他就会成为什么，所有所见都将成为他生命的 一部分。

我坚信，坚持是最好的美德！而看得见的坚持、看得见的美德总是在每一分每一秒中影响着我和我的队员们。

下 篇

多学科融合的实践课例

语文学科实践课例

无情未必真豪杰　一寸赤心惟报国

——《从军行》与《凉州词》比较阅读教学

温　馨

【教材分析】

《从军行》和《凉州词》都是部编版语文五年级下册第四单元的课文，《从军行》是第9课，而《凉州词》是"日积月累"当中的一篇，两者属于边塞诗这一类型。虽然两首诗歌所处教材位置不同，但是适用于单元教学的思路，因此本教学设计有效整合单元内容，调整顺序，掌握重点，在对比阅读中，引导学生找意象、抓诗眼、想画面、品感情。

【学情分析】

五年级学生在之前的学习中已经接触了《出塞》《塞下曲》等边塞诗，因此对边塞诗的内容、思想感情有了一定的了解。所以学生拥有学习这两首边塞诗歌的基础，同时又因为学生对诗歌的表达方式的掌握较为薄弱，而本课设计着眼于提高学生这一能力，主要通过找意象和抓诗眼等方式对比阅读，让学生更好感悟诗歌表达的不同情感，从而激发学生的家国情怀和对边塞诗的探索欲望，提升诗歌鉴赏的能力。

【教学目标】

读准字音字词，会划分节奏，有感情背诵古诗。

借助注释和资料，理解两首古诗意思，找出诗歌意象，感受边塞之苦。

通过抓诗眼等方法，感悟两首诗歌不同表达方式下的家国情怀。

【教学重难点】

重点：聚焦诗歌意象，想象画面，感受边塞之苦。

难点：抓住关键词，感悟两首诗歌不同表达方式下的家国情怀。

【教学准备】

熟读两首诗歌及其注释和意思，完成导学单了解作者和时代背景的任务。

准备学习单，提供阅读材料。

提前讲解诗歌"意象""题眼"，让学生能够有所基础来探究。

【教学流程】

（一）了解诗题，走进诗人

1. 诗诵导入

师出示题目《出塞》和《塞下曲》，生齐诵古诗。

2. 了解诗题

（1）通过古诗的题目我们可以猜出这是什么体裁的诗歌。

总结：唐朝是中国历史上武力较为强盛的一个朝代，唐太宗还被各个北方少数民族首领拥戴为"天可汗"。也正因为强盛，唐朝出现了一种书写边疆风光和战斗生活的诗歌，叫边塞诗。边塞诗是我国古代诗歌的主要体裁之一。

（2）你还知道哪些边塞诗，请说出它们的名字。

总结：我们今天要学习的两首古诗的名字分别是《从军行》和《凉州词》，是边塞诗的典型代表。我们一起来认识一下它们。

《从军行》："行"没有特定的意思，因为它是一种体裁。诗的题目当中最后出现的"行""歌""曲""吟"，是古代乐府诗的体裁。以边塞和战争为主要描写内容。

《凉州词》："凉州词"不是诗的题目，是唐代一种曲调的名称。（凉州治所在今甘肃省的武威市。唐玄宗开元时期，凉州都督郭知运搜集了一批西域曲谱，敬献给玄宗，玄宗的皇家教坊将其改编成中原曲谱，并配上新的歌词演唱，就用凉州命名这些曲谱。）在这个乐曲下，唐朝不同诗人会填上不同的歌词。同时，这首曲子具有雄赳赳、气昂昂的军旅气质，所以歌词也往往与边塞生活、战争场景有关。

3. 走近诗人

唐朝几乎所有重量级的诗人都写过边塞诗，但是从数量和质量双重角度排名，排在前三位的应该是王昌龄、岑参和高适。在这三人之中，王昌龄生活在唐玄宗开元、天宝年间，年纪最大，写边塞诗也最早。而且，他的七言绝句写得最好，号称"七绝圣手"。

王之涣，我们之前学习过他的诗歌《登鹳雀楼》，而这一首《凉州词》也是他的名篇。他以善于描写边塞风光著称。

（二）初读感悟，对比朗诵

略。

（三）品意象之孤，感环境之苦

1. 抓住共同意象，认识边塞环境艰苦

（1）聚焦"玉门关"。

（2）聚焦"孤城"。

学习古诗一、二句，深度理解"孤城"。

抓住诗眼，感受不同表达方式下的诗意。

2. 寻找两首诗中最能表达诗人情感的词

（1）在对比中，感受诗人表达情感的不同方式。

（2）总结两首诗歌情感表达的不同。

（3）再次朗读，尝试背诵，升华情感。

3. 整体感悟诗人在边塞诗中的情感表达

（1）再读两首古诗，归纳你从诗中读出的情感。

预设（板书）：报国志、怀乡情。

（2）拓展边塞诗，进一步体悟边塞诗的感情。

学生有感情感悟下列诗句，感悟边塞诗的情感。

① 北风卷地白草折，胡天八月即飞雪。（边塞荒凉，戍守凄苦）

② 不知何处吹芦管，一夜征人尽望乡。（思念家乡，思念亲人）

③ 醉卧沙场君莫笑，古来征战几人回？（誓死御敌，保家卫国）

（四）读写结合，深化对诗歌理解

（1）羌笛发出的悲切之音，让将士黯然泪下。不破楼兰终不还的战士们，让家人思念。如果他家有年迈的父母，如果他已经有了妻儿，他会对父母妻儿说些什么？请你任选一种角色，写一写戍边将士的心里话。（写好后交流）

（2）总结升华：虽然唐朝的边塞诗，也代表唐朝的尚武精神。但是，就像诗歌所写的那样，尚武绝对不是黩武，打仗是为了让大家更好地活着，而不是为了让将士们都葬身边关，有家难回。连年的战争，长年的戍边，毁掉了原本幸福的家庭。战争带给人们多少苦难啊！让我们反对战争，维护和平，让天下所有的家庭幸福安宁！

【作业设计】

（1）阅读王昌龄《从军行》的其他篇目；

（2）王翰和王之涣的《凉州词》、王昌龄的《出塞》和《从军行》进行对比阅读；

（3）阅读更多边塞诗，体悟不同的表达方式。

【板书设计】

无情未必真豪杰　一寸赤心惟报国
——《从军行》与《凉州词》对比阅读

矛与盾 思与行

——五年级下册《自相矛盾》教学设计

段体龙

【教材分析】

本文选自《韩非子·难一》，讲述了楚国有个卖矛和盾的人，他在夸耀自己的盾和矛时理由前后抵牾，不能自圆其说。这一故事告诫人们说话做事要前后呼应，不要自相矛盾。

我国著名儿童文学家严文井说："寓言是一个怪物，当它朝你走过来的时候，分明是一个故事，生动活泼；而当它转身要走开的时候，却突然变成了一个哲理，严肃认真。寓言是一把钥匙，这把钥匙可以打开心灵之门，启发智慧，让思想活跃。"

【学情分析】

从语文的学习方式看，五年级的学生已掌握了一定的语文知识，有了较为丰富的语言积累，理解能力和概括能力增强。大部分学生都能运用各种资料，辅助学习、自主学习的能力逐渐增强。在小组合作中也能发表自己的看法，但小组合作的有效性，以及倾听、表达的习惯还有待于进一步培养。此阶段，学生语文能力的两极分化现象更加明显，教学中要关注学生的差异，为每一类学生提供最合适的发展目标，尽可能促进每一个学生语文素养的提升。

【教学目标】

1. 自主学习字词。

2. 正确、流利、有感情地朗读课文，背诵课文。

3. 理解课文内容，厘清故事的起因、发展、高潮和结局，了解人物的思维过程。

4. 能用自己的话讲述这个故事。

【教学重难点】

重点：理解课文内容，厘清故事的起因、发展、高潮和结局，知道自相矛盾的意思，能用自己的话讲述这个故事。

难点：了解人物的思维过程。

【教学准备】

学生：预习课文。教师：制作PPT。

【教学过程】

（一）猜字导入，激发兴趣

（1）请你根据画面来猜生字，看谁的反应最快。

"矛"是象形字。金文像上有锋利的矛头、下有长柄的矛之形。

"盾"是象形字。表示手持护牌，举在头上，重点保护头部。造字本义：古代士兵作战时使用的护身硬牌，可以抵御矛枪进攻。

（2）在中华民族悠久灿烂的文化中，寓言是其中的瑰宝。它概括性强、内涵丰富。那你知道什么是寓言吗？"寓言"就是通过一个故事来说明一个深刻的道理。（听出来了，这是个故事，但里面藏着一个道理。）板书：故事、道理。

（二）初读课文，学习字词

（1）请大家自己读读这个故事，注意把每个字的字音读准确。

（2）通过阅读检查生字情况，指导"矛"的书写注意事项。

（三）精读课文，理解文意

（1）教师引导：楚国的集市上人来人往，车水马龙，热闹非凡。瞧，这个楚国人在干什么呢？（这个楚国人在卖盾与矛）

（2）又誉其矛曰："吾矛之利，于物无不陷也。"

教师：读这一句，你读懂了什么？

（3）谁来帮帮这个楚人，帮他吆喝吆喝生意？（指名学生上台表演读，再全班齐读）

（4）楚人的一番吆喝吸引了不少的围观者，听了楚人的吆喝，有没有人买呢？（没有）你从书上哪个地方知道的？

（四）讲述故事，感悟寓意

（1）讲述故事。

（2）自相矛盾就是一个人说话或行动前后不一致，互相抵触。我们一起来读一读这篇课文。（齐读课文）

（3）这则寓言故事告诉我们一个什么道理？（这个故事告诉我们：说话做事要实事求是，不能自相矛盾，说话做事皆应三思而后行）

（4）四人小组内用自己的话讲讲这个故事。（每小组选一个讲得最好的代表上台讲故事）

（五）对比阅读，活学活用

（1）古人的智慧真是令人敬佩，相隔几千年的文言故事里蕴含的道理至今仍让人受益无穷。思维的火花跨越时空，照亮过去、现在和未来。

（2）这个楚国人的买卖还能做下去吗？（不能）谁来告诉他错在什么地方了？（这个人说话、做事前后抵触，不一致，做生意要实事求是，讲诚信）

（六）联系实际，感悟寓意

（1）今天我们学习了文言文《自相矛盾》，回顾一下我们是怎样学习文言文的？（先把文言文读通读顺，再借助注释理解句子的意思，然后理解整个寓言故事，明白其中蕴含的道理，最后做到熟读成诵）

（2）教师小结：今天我们读懂了文言文《自相矛盾》的意思，领略了古代文言文的独特韵味。这篇文言文语言凝练，只用71个字就让我们逛了逛古代的集市，了解了一个引人发笑的楚人，知晓了一个深刻的道理。希望同学们今后说话、做事不要像这位楚国人一样自相矛盾！

【作业设计】

背诵课文，理解文意。完成对应资料练习。

【板书设计】

自相矛盾

楚人

盾　　　　　　　矛

物莫能陷　　于物无不陷

以子之矛陷子之盾

其人弗能应也

学习劝说艺术，设身处地思考

——口语交际：劝告

郭海燕

【教材分析】

部编版小学语文三年级下册第七单元口语交际的话题是"劝告"，这里有规劝的意思，劝说别人改掉不良的习惯。这次口语交际的目的，是让学生在交际中学会怎样动之以情、晓之以理地劝说别人，了解规劝语言的特点，体会养成良好的行为习惯的重要性。在生活中真正去劝说别人还是难度比较高的语文实践活动，因此在了解了劝说的一些方法之后更需要练习和实践。另外，练习劝说是情境性很强的一项学习活动，所以精心选择劝说话题和模拟操作是非常重要的。

【学情分析】

三年级小学生是形成自信心的关键期。他们在接受别人的评价中能发现自身的价值，产生兴奋感、自豪感，对自己充满信心；有的还表现出强烈的自我确定、自我主张，对自己评价偏高，甚至有时"目空一切"，容易导致自负的心理。所以他们还不懂得怎么样做是为他人着想，更遑论劝说。他们对于如何去有效劝说和接受劝说方面还不是很明白。因此，这节课的主题是非常好的切入点。

【教学目标】

1.培养学生运用精妙的语言进行表达的能力。
2.能根据具体情境选择恰当的方式，尝试劝告别人。

3. 能注意说话的语气和说话的技巧，不要用指责的口吻，从别人的角度着想劝告别人。

【教学重难点】

重点：了解和感悟劝告语言的特点和技巧。

难点：能够动之以情、晓之以理，采用合适的语气，从别人的角度着想劝告别人。

【教学准备】

多媒体课件。

【课时安排】

1课时。

【教学过程】

（一）故事导入，激发兴趣

同学们，你们喜欢听故事吗？今天老师给大家讲一个有趣的故事，名字叫《李尚书进贡公鸡蛋》。咦，有人会有疑问，公鸡怎么会下蛋呢？这到底是怎么回事呢，咱们一起来听听吧！

到了朝堂上，解缙向皇帝劝说了一番，皇帝竟然不用李尚书进贡公鸡蛋了。我们一起看看解缙是怎样劝说皇帝的吧。

皇帝一时语塞，继而一笑了之，解缙的一番劝说，救了李尚书一家的性命，可见劝告在生活中是何等的重要。今天，我们就一起来学习口语交际的一项本领：劝告。（板书课题：劝告）老师要看看咱们班有哪些"小小优秀劝告家"？

（二）解读事例，学习劝告

（1）"丁零零"，下课铃声响了，呀，真开心！当你兴高采烈地走出教室时，却发现了这惊人的一幕。

（2）这个小朋友在做什么？

（3）看到这种情景，你会怎么做？

预设：我会劝告他，这样做很危险。

（4）这个小朋友的行为真是太危险了，高年级的大哥哥、大姐姐看见了，都对他进行了劝告。

（5）小组讨论，了解劝告艺术。

你觉得这个小朋友会听谁的呢？为什么？四人小组讨论一下。

教师引导：三种劝告方式，有什么不同？为什么第三种更容易接受呢？可以小组分析一下三种说法的语言特点。

预设：学生3的话，不光指出小朋友的错误行为，还从小朋友的角度劝告，为小朋友着想，这样更容易让人接受。

教师小结：我们来对比总结一下三位同学的劝告。大家可以看出，学生3是站在对方的角度，用关心的语气来进行劝告，所以更容易让人接受。

（三）出示小贴士，总结要点

第三名同学的话有理有情，那位小朋友意识到自己的错误行为带来的后果，不再玩滑梯了。看来劝告还真是一门学问，如果想要当一名"小小优秀劝告家"，那么我们在劝告时要注意什么呢？（板书：说话语气不指责　为别人着想）

（四）结合情境，练习劝告

（1）其实在我们身边还有很多不良行为需要及时制止，也需要我们好好劝告。如果遇到下面这种情况，你会怎样劝他们？请同学们选择其中一种情况，小组讨论如何有效劝告。

（2）小组选择进行表演劝告，其他学生观察、评议。由全班学生评选出"小小优秀劝告家"，教师颁发"小小优秀劝告家"徽章，并鼓励其他学生向他们学习。

教师提醒：劝告不一定一次就成功，一定要有耐心，不要用指责的语气，多为对方着想。另外还要注意，实际生活中，劝告不一定都会成功，同时要注意安全问题。

（3）看交往范例。

（4）教师小结：注意说话有礼貌，语气温柔、委婉；尽量使用商量的语气，不要用指责和批评的口吻；站在对方的立场思考问题，进行劝告；要以理服人、以情动人。

（5）读读劝告小歌谣。

（五）联系实践，总结拓展

同学们，这节课我们学劝告、练劝告、最后会劝告，大家的表现都很精彩！生活中处处有语文，今天我们只是在课堂上对不文明的行为进行劝告，希望同学们能学以致用，在平时生活中多观察，对一些不文明的行为进行适当的劝告，让我们的生活变得更加和谐。

【作业设计】

1. 请同学们回忆你曾经失败的劝告经历，如果现在再给你一次机会，你会怎样去劝告呢？

2. 也可以对你的同学、爸爸、妈妈等一些不良的行为习惯进行劝告。

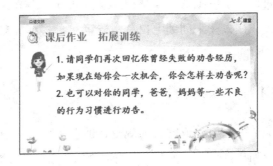

以上作业二选一。

设计意图：语文的最终目的是运用，让学生习得方法，将方法再次实践，从中真切体会到"劝告"的效果。

【板书设计】

劝告

说话语气不指责

为别人着想

《雷锋叔叔，你在哪里》教学设计

蒋美华

【教材分析】

本单元以"关爱"为主题，是用爱心串联起来的一组课文。《雷锋叔叔，你在哪里》这首儿童诗以问答的形式，带领我们沿着"长长的小溪"和"弯弯的小路"去寻找雷锋的足迹，了解雷锋的先进事迹，感知平凡世界中的不平凡，学习关爱他人、乐于奉献的雷锋精神。全诗共五个小节，语言简洁，结构相似，反复的句式，让人读来朗朗上口。本诗第一、二小节和第三、四小节结构相似，适合进行朗读指导和仿写练习。

【学情分析】

助人为乐是小学生应该养成的行为规范，但在实际生活中孩子们却缺乏乐于助人的主动意识和自觉行为。此外，二年级的学生对雷锋较为陌生，对其事迹更是了解不多，课前教师要布置他们搜集有关雷锋的资料，引导学生在自读自悟中树立英雄形象，在联想和表述故事中深化形象，在情感延伸中揣摩文章的意蕴，做到内化于心、外化于行，逐步提升学生的人文素养。

【教学目标】

1.正确、流利、有感情地朗读课文，能读出问答的语气。

2.能用多种方法猜测"泥泞""年迈"等词语的意思，能说出了解词语意思的方法。

3.读句子，想画面，能根据课文内容，用自己的话说出雷锋的事迹。

【教学重难点】

重点：①能用多种方法猜测"泥泞""年迈"等词语的意思，并说说理解词语的方法。②读句子，想画面，能根据课文内容，用自己的话说出雷锋的事迹。

难点：读句子，想画面，能根据课文内容，用自己的话说出雷锋的事迹。

【教学准备】

制作课件，搜索有关雷锋的故事，学唱歌曲《学习雷锋好榜样》。

【教学时长】

1课时。

【教学过程】

（一）创设情境，走近雷锋

（1）上课伊始，播放歌曲《学习雷锋好榜样》1小节，师生跟唱。

（2）师：雷锋叔叔就是这样一个助人为乐的人，当时民间还流传着这样一句话："雷锋出差一千里，好事做了一火车。"不仅如此，雷锋叔叔还特别关心小学生的成长。在抚顺市的一所小学里，二年级的同学都特别自豪，因为他们有一位校外辅导员是一位解放军叔叔，这位解放军叔叔就是雷锋叔叔，雷锋叔叔经常到学校给他们讲故事、做游戏，他们都特别喜欢雷锋叔叔。

（二）初读文本，读通读顺

（1）师：同学们，让我们来读读这首饱含深情的诗吧。请同学们自由大声朗读课文，注意把字音读准确、把句子读通顺。

生自读课文，师巡查。指名一人读一小节，师相机指导，纠正字音。

（2）师：看来同学们都已经能把句子读通顺了，那我们一起来读一读课文好吗？（多种形式读课文：齐读、男女生比赛读、问答式读）

（三）想象画面，深情阐述

师：老师发现同学们已经把课文读得非常流畅了，现在老师要来考考你们，谁的阅读理解能力最强？

（1）学习第一、三小节。

师：请快速默读课文，找一找小朋友们去了哪些地方寻找雷锋？用课文中的话说一说。（生回答。板书：长长的小溪　弯弯的小路）

（2）学习第二、四小节。

师：他们找到雷锋叔叔了吗？（没有）但是雷锋叔叔来没来过？（来过）来干什么了？（屏幕出示：第二、四小节）生读第二、四小节，回答。

师：雷锋送迷路的孩子回家是顺利的吗？（不是）从哪些词语可以看出来？请在书上圈出来。

设计意图： 抓住重点词语，结合生活实际，引导学生展开想象，使学生进一步感悟文本的情感，产生情感上的共鸣，使学生产生对雷锋叔叔的无限敬佩之情，培养学生的语言表达能力和逻辑思维能力。

生标示、回答词语：抱着、冒着、蒙蒙的细雨、泥泞。

师指导"冒"字的写法，生跟写、互评，师巡视指导。

"沿着长长的小溪，寻找雷锋的足迹。雷锋叔叔"，学生有感情地齐读这一小节。

师：请同学们像学习第二小节一样，自学第四小节，一边读一边圈出体现雷锋叔叔做好事不怕困难的词语。

师：雷锋就是这样时时处处为别人着想，把帮助别人当作自己最大的快乐，这样一个令人尊敬的战士，孩子们怎么能不爱戴他，怎么会不着急地寻找啊！

（四）随情扩展，内化精神

（1）师：孩子们沿着长长的小溪寻找，顺着弯弯的小路寻找，他们还去别的地方寻找了吗？从哪里看出来的？（四处寻找）他们还去哪里寻找了呢？根据本节课开始时我们所了解到的有关雷锋的优秀事迹，试着仿照课文第一、二小节来说一说。

师：是啊，虽然雷锋叔叔已经离我们而去，但是他乐于助人、无私奉献的精神却留了下来，他时时处处为别人着想的爱心也洒遍了祖国各地，因为"哪里需要献出爱心，雷锋叔叔就出现在哪里"。这里的"雷锋叔叔"实际指的是像雷锋一样乐于助人的人，即具有雷锋精神的人。课文里的我们不断地寻找雷锋，其实他们真正想找的正是"雷锋精神"。

设计意图：这句话是全诗的难点，让学生自己发现这个问题，会使学生对文本的理解更为深刻，培养学生提出问题、解决问题的能力。

（2）想一想：我们身边有哪些像雷锋叔叔一样的人呢？学生联系生活实际自由畅谈。用这样的句式练习：雷锋就在我们班级里，你看，我们班的_____就是小雷锋，他（她）常常_____，我想对他（她）说："_____。"

设计意图：帮助学生走出文本、走进生活，发现身边的雷锋精神，用所给句式说话，培养学生的语言表达能力和逻辑思维能力。

（3）学习了这篇课文，你想对雷锋叔叔说什么？

设计意图：在想一想、说一说中，引导学生体会和揣摩文章的言外之意、弦外之音。让学生更好地感悟到"只要人人献出一点爱，世界将会变得更美好"的思想境界。

（五）总结全文，升华感情

设计意图：借用内容贴切的歌曲作为课堂教学的结尾，使学生情感在快乐中升华，音乐能激励他们以雷锋为榜样，奉献爱心，达到将课堂的激情与高潮延续的目的。

【作业设计】

1. 必做：把课文中的雷锋所做的两件好事说给爸爸、妈妈或同学听（课后习题3）。

2. 选做（任选其一）

① 雷锋叔叔还可能去到什么地方做什么好事呢？请仿照课文第一、二小节写一写或抄写课件中的仿写。

② 推荐阅读《雷锋日记》。

【板书设计】

5.雷锋叔叔，你在哪里？

长长的小溪 ♡ 抱着孩子

弯弯的小路 背着大娘

奉献爱心

让人物活起来

——《两茎灯草》教学设计

刘智英

【教材分析】

《两茎灯草》选自部编版小学语文五年级下册第五单元第13课"人物描写一组",本单元作为习作单元,语文要素是"学习描写人物的基本方法",习作要素是"初步运用描写人物的基本方法,具体地描写一个人的特点"。《两茎灯草》选自清代吴敬梓创作的长篇小说《儒林外史》,主要通过抓住动作描写,将"严监生"这一人物形象刻画得入木三分。

【教学目标】

1. 正确、流利、有感情地朗读课文,感悟课文语言特点,激发学生阅读名著的兴趣。

2. 了解文中描写人物的方法,感受"严监生"这一人物形象。

3. 运用本课学到的描写人物的基本方法,具体地表现一个人的特点。

【教学重难点】

感受"严监生"这一人物形象,学习作者描写人物的方法,并尝试在写作中进行运用。

【教学课时】

1课时。

【教学设计】

（一）趣猜经典形象，巧抓细节谈特点

1. 课前热身，趣猜经典形象

教师出示小学语文统编教材五年级下册第二单元的经典形象的文字描述，请学生猜测文字对应的是哪个经典形象。

出示三组文字，请学生分享怎么猜出这些经典形象。

2. 认识《两茎灯草》描写的主要人物

今天我们要学习的《两茎灯草》中，也有一位经典人物，他的名字叫什么？预设：严监（jiàn）生。

（二）分享预习情况，读通理顺文言文

1. 读通文本，理解词义

走进《两茎灯草》，要了解作者是怎么描写严监生的，首先要读通、读顺，触摸文言文的语言之美。文中有很多字词，需要我们花心思读懂它们的意思。

请结合学习单，汇报你的字词预习情况。

项目一：读通理顺文言文	
你知道以下词语的意思吗？	为了读懂词义，你用了什么方法？
自此：从这以后 一日重似一日：一天比一天重 已后：以后 一声不倒一声：一声连着一声 莫不是：莫非，难道 不曾：没有 滴溜圆：很圆很圆 哥子：古时对男孩子的称呼 故此：因此 记念：记得想念 登时：立刻，马上	预设： 结合课文注释去理解 查找工具书法 拆字推断法 阅读经验补充法 浏览泛读法 提纲挈领法 影视对比法 ……

2. 共读《两茎灯草》，感受文言韵味

师生有感情地读《两茎灯草》。

3. 运用思维导图，梳理人物关系

文中提到许多人物，他们与严监生有什么关系呢？请结合学习单，汇报你梳理的人物情况。

项目二：梳理人物关系
文中出现哪些人物？他们与主人公严监生有什么关系？
预设： 结合课文及资料，我整理了严监生的人物关系图。 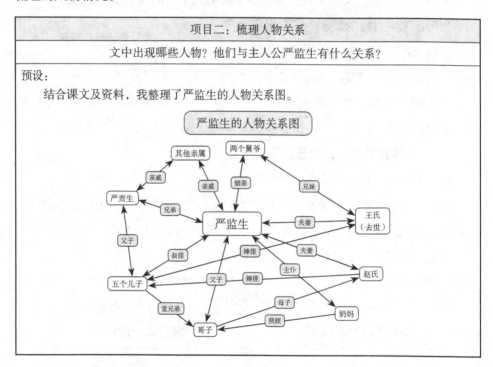

（三）抓住传神描写，说说"我眼中的严监生"

1. 抓住动作描写，解读严监生的心声

（1）默读课文，画出描写严监生的句子，思考作者是怎么描写的，品一品，把自己的想法跟老师、同学们交流。

（2）作者是从什么方面对严监生进行动作描写的？

① 手部动作的变化：伸着两个指头、越发指得紧了、指着不动、把手垂下。

② 头部动作的变化：把头摇了两三摇、把头又狠狠摇了几摇、把眼闭着摇头、点一点头。

小结：动作描写可以分方面，写得细致入微。

严监生久病难医，唯有艰难地做几个动作表达他的心声。你读出他的心声了吗?

2.谈谈"我眼中的严监生"

传神的描写表达心声，更能让我们感受到严监生是一个什么样的人。你眼中的严监生是怎样的人呢?严监生是一个吝啬的、只顾眼前利益、爱财胜命的人。

(四)拓展阅读文本，谈谈"作者笔下的严监生"

略。

(五)结合写法练笔，迁移运用写人物

1.初试身手

在我们生活中，总有一个熟悉的人，给我们留下深刻印象。这一个熟悉的人，可能是爸爸、妈妈，可能是老师、同学，可能是朋友、邻居。请用今天课堂上学到的方法，以"他/她真_____"为主题写一段话，写出人物的特点。

2.同学点评

请学生结合"是否具体地表现出人物的特点"进行点评。

【作业设计】

基础性作业:完善课堂练笔，形成一篇短文。

提高性作业:阅读《儒林外史》，感受作者是如何用传神的描写塑造经典形象的。

【板书设计】

吴敬梓《儒林外史》

临死前的严监生

手部动作

头部动作　　爱财胜命

传神的描写表达心声

附件：《两茎灯草》学习单

班级：_____　姓名：_____

活动项目	项目内容	项目提示
驱动性问题：严监生是一个什么样的人		
项目一： 读通理顺文言文	你知道以下词语的意思吗？ 自此：　　　　一日重似一日： 已后：　　　　一声不倒一声： 莫不是：　　　不曾： 滴溜圆：　　　哥子： 故此：　　　　记念： 登时： 为了读懂词义，你用了什么方法？	请结合学习五年级下册第二单元的方法
项目二： 梳理人物关系	文中出现哪些人物？他们与主人公严监生有什么关系？	请尝试通过思维导图，也可查阅资料，梳理"严监生的人物关系图"
项目三： 迁移运用写人物	他/她真_____ _____ _____	请用今天课堂上学到的方法，具体地表现出人物的特点

各美其美　美美与共

——《一幅名扬中外的画》传统文化探究课教学设计

宁　玲

【设计理念】

新课程理念下的语文课堂一定是学生主体地位彰显的课堂。学生要具有独立阅读的能力，要学会运用多种阅读方法。积极倡导自主、合作、探究的学习方式，努力建设开放而有活力的语文课程。利用多种教学方法，提高教学的有效性。

【教材分析】

《一幅名扬中外的画》是人教版小学语文三年级下册第三单元的一篇略读课文。课文简单介绍了《清明上河图》，接着较为详细地描写了画面的内容，最后简单写了画的历史价值。学习这篇文章要根据三年级略读课文的教学要求，以学生为主体，紧扣自学提示的要求与问题，培养学生自学能力，感受名画历史价值及传统文化的光辉灿烂，激发热爱祖国传统文化的感情。

【学情分析】

学生已养成课前预习课文并搜集有关资料的习惯，因为本课的历史背景与学生的生活相距甚远，让学生在课前搜集有关《清明上河图》的资料，如画册、邮票。但三年级学生抽象及想象能力还不够完善，学生要从古画中感受到它的历史价值和传统文化的积淀有些难度，根据学生好动、好玩及好奇的年龄特点，采用直观教学、图文结合、读书指导、情景创设等教学手段，引导学生自主学习，运用科学系统的学习方法，了解名画主要内容，感悟名画风采，激发想象力，使学生置身名画情景之中，从而帮助学生理解课文、掌握重难点。

【教学目标】

1. 了解《清明上河图》的创作时间、作者、内容及历史价值。

2. 能从第2～4自然段中选择一个自然段，说出课文是怎样围绕一个意思把一段话写清楚的。

3. 感受我国传统文化的光辉灿烂，激发热爱祖国传统文化的感情。

【教学重难点】

重点：能从第2～4自然段中选择一个自然段，说出课文是怎样围绕一个意思把一段话写清楚的。

难点：感受名画历史价值及传统文化的光辉灿烂，能结合课文内容和图画向别人介绍《清明上河图》。

【教学准备】

1. 引导学生搜集有关中华优秀传统文化的资料，掌握做资料卡片和将资料规律整理成文的方法。

2. 打印并下发"自主学习单"。

3. 搜集"文博会"的视频，制作多媒体课件。

【课时安排】

1课时。

【教学过程】

（一）巧借视频，创设情景

（1）播放深圳"文博会"的视频。

（2）第十八届"文博会"将于5月在深圳国际会展中心举行，为迎接"文博会"的到来，4月学校将举行"中华优秀传统文化展"，要求每班推荐三件展品，并为展品配上精彩的介绍语，展品成功入选者将会获得"文博会"门票。

（3）谁来说说你准备推荐什么展品呢？

（4）听了同学们的介绍，教师也想推荐一件非常特别的展品——"一幅名扬中外的画"，先来看看关于它的介绍。

（5）这节课就让我们走进《清明上河图》，去了解为何称它为"一幅名扬中外的画"。

（二）初识画卷，整体感知

（1）揭题，齐读。读好"名扬中外"。

（2）思考："名扬中外"什么意思？（名气传遍了中国和外国）你是通过什么方法知道的？

（3）指导读题：正确停顿，一幅/名扬中外的/画。

（4）请同学们认真对照图画读读课文，读完以后你可以再完善一下你的学习单。

名称	
作者	
画的内容	
画的历史	
存放地点	

（5）投影出示一位学生填的名片，请一生核对，评价对错。

（三）走进画卷，欣赏价值

《清明上河图》究竟是一幅怎样的画，为什么说它名扬中外呢？

（四）课堂小结，感悟价值

（1）《清明上河图》全图中，类似于这样的生活小场景，比比皆是，通过这一具体的场景，以点带面，生动地再现了北宋时期都城汴梁热闹的场面。难怪课文最后说：（出示最后一节，学生齐读）

（2）甚至后来，有许多专家就是通过张择端的《清明上河图》来研究北宋时期的许多风俗民情、建筑风格以及当时社会政治的特点，这可是《清明上河图》宝贵的历史价值呀。因为这极其宝贵的艺术价值和历史价值，所以它成了一幅名扬中外的画，同学们，让我们记住这幅画的名字，它叫——（生）《清明上河图》。

（3）通过这篇课文的学习，我们了解到了《清明上河图》这幅画因为人物丰富、街市热闹、情景传神，所以名扬中外。

（五）了解背景，探究成因

（1）过渡：然而，你们知道吗？在这幅画中、在商业繁荣的表面之下却暗藏玄机，我们来看看画中的这个场景，你有什么疑问呢？

（2）课件出示：《清明上河图》上懒散的兵卒。

（3）为什么在这幅画中会出现慵懒的士兵呢？让我们一起来了解一下张择端为什么要画这幅画吧。

（4）师：由于宋太宗采取鼓励文人谏言的政治措施，关注社会现实和朝廷政治成为宋代画家较为普遍的创作趋向。北宋官吏经常利用绘画向皇帝表述民情。张择端也想通过《清明上河图》向宋徽宗展现一些社会顽疾，委婉地劝说宋徽宗关注社会问题，调整政策。

（5）课件出示。

（6）看过这段材料后，你有什么感想？

（六）延伸拓展，文化大观

其实在中华传统文化的宝库中，像《清明上河图》这样的瑰宝还有许许多多……接下来，全班分为8个小组，每组通过小组讨论确定一件展品，并配上标签，放在展品旁边。

【作业设计】

1.修改完善中华优秀传统文化展品标签。

2.制作中华优秀传统文化资料卡。

3.阅读《二十四节气》。

【板书设计】

12*　一幅名扬中外的画

人物——众多

清明上河图　　街市——热闹　　名扬中外

情景——传神

《轴对称（一）》教学设计

曾晓平

【教材分析】

《轴对称（一）》是北师大版小学数学三年级下册第二单元第1课时的教学内容。对称是数学中常用图形变换的一种，认识轴对称图形，能使学生更好地认识理解和把握自己赖以生存的空间，为进一步学习其他几何图形和设计图案打好基础，也为提高学生的数学欣赏能力与空间想象能力，以及感受美、欣赏美有着极其重要的作用。

【学情分析】

自然界和日常生活中具有轴对称性质的事物很多，学生在二年级上册时已对轴对称图形有了初步的感知。根据学生的年龄特征，教材在编写时十分注重直观性和可操作性。本节课是通过观察、操作、分类等活动初步认识轴对称图形，直观体会轴对称图形的特点，结合丰富多彩的实例，结合多种形式的操作和想象，引导学生"做中学"，发展学生的空间观念，为学生后续的学习奠定基础。

【教学目标】

1. 通过观察、操作等活动让学生初步认识轴对称图形，会直观判断轴对称图形，能用对折的方法找出对称轴。

2. 通过观察、思考和动手操作，培养学生探索与实践的能力，发展学生的空间观念。

3. 引导学生欣赏轴对称图形之美，感受生活中处处有数学，激发学生的数学审美情趣。

【教学重难点】

重点：初步认识轴对称图形，会直观判断轴对称图形，能找出对称轴。

难点：准确找出轴对称图形的对称轴。

【教学准备】

课件，学生提前剪下附页1中的图1、图2和图3。

【教学流程】

1. 视频导入介绍剪纸，探究学习

（1）学生观察轴对称剪纸作品，提问：这些图形有什么共同特点？

（这些图形从中间分开，两边都一样）

先让学生独立思考，再互相讨论，集体交流。

（2）验证："两边一样"。

学生拿出提前剪好的附页1中的图1，让学生折一折，看一看两边是否完全重合。

打开，看看折痕的位置，折痕把图形分成一样的两个部分。

小结：从中间分开，两边一样的图形叫轴对称图形；而把图形分成一样两部分的中间这条线叫对称轴。

（3）找一找生活中哪里还有轴对称图形。

2. 课堂总结

学生说说这节课学会了什么。

教师总结：这节课我们学习了轴对称图形。我们知道当一个图形从中间分开，两边是一样的，那么这个图形就是轴对称图形。而把图形分成两边一样的这条线就是这个图形的对称轴。

【作业设计】

制作一个轴对称图形，并和小伙伴交流自己制作的是什么样的图形，是怎样制作出来的。

【板书设计】

轴对称（一）

轴对称图形

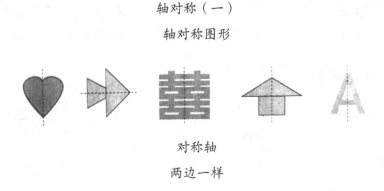

对称轴

两边一样

反比例（试一试）

陈家慧

【教材分析】

本节课是北师大版小学数学六年级下册第四单元第4课时的内容，是在学生已经掌握了比例的意义、比例的基本性质、正反比例意义的知识基础上进行学习的，是前面"比例"知识的深化，是后面学习"解决一些简单正、反比例的实际问题"的基础，它起着承前启后的作用。学好反比例关系，可以加深对比例知识的理解，形成初步的函数观念，提高解决实际问题的能力。

【学情分析】

《反比例》一课需要用2课时来完成教学。第1课时学习反比例的意义，本节课为第2课时，重点在于加强学生对正、反比例关系的理解与对比，让学生进一步理解成正、反比例的量的特征以及准确判断两种量能否成比例、成什么比例。在归纳对比正、反比例的异同中探究两者的图像，提前对中学正、反比例图像进行感知和延伸，为学生后续的学习开阔视野。引导学生在正、反比例的对比练习中明确本质区别，并运用正、反比例的意义准确判断两个量是成正比例关系还是成反比例关系，加深对正、反比例意义的理解。

【教学目标】

结合"单价、数量、总价""已读页数与未读页数"等情境，通过分析数量之间的变化关系，进一步理解反比例的含义。

能根据反比例的意义，学会判断两个相关联的量是否成反比例，能举出生活中成反比例的实例。

经历比较、分析、归纳等数学活动，提高分析比较、归纳概括能力，初步体会函数思想。

【教学重难点】

重点：正确理解反比例的意义。

难点：能准确判断成反比例的量。

【教学准备】

课件、学习单。

【教学过程】

（一）谈话导入

师：同学们，前一节课我们学了什么呀？（反比例）

看来同学们对反比例的知识印象深刻，这节课老师带来了几个问题考考你们，你们都准备好接受挑战了吗？

（板书课题：反比例）

（二）自主探究

1. 出示问题

买苹果的总钱数一定，苹果的单价与数量成反比例吗？

问：这是一道关于什么的问题？（求反比例的问题）

问：你认为单价与数量成反比例吗？

看来很多同学都有想法了，现在请同学们拿出学习单，把你的想法记录下来，并与组员说一说。

（1）活动一：小组合作，将你的想法写下来，并与组员说一说。

（2）组内交流。

（3）汇报展示。

预设1：

我列个表想一想，假设有60元钱：

单价/元	12	10	6	
数量/个	5	6	10	
总价/元	60	60	60	

乘积一样，成反比例。

1.先请学生说自己的方法。

问：你用的是什么方法？（列表）
你为什么会选择这样列表？
首先确定的是什么？

2.追问全体同学：
①这位同学用的是什么方法？
②数据是怎么确定的？
③假定单价是12元，那数量呢？
引导学生回答：首先固定总价。
什么是不变量？
什么是变化量？

预设2：

单价×数量=总价
1×30=30（元）
2×15=30（元）
3×10=30（元）

追问：
你为什么会这样举例？
什么是不变量？
什么是变化量？

问：判断两个量是否成反比例，关键是什么？预设：积一定。

如果用 x 和 y 表示两个量成反比例，会是怎么样的呢？预设：$xy=k$（一定）。

追问：x和y表示什么？有什么样的变化规律？（两个相关联的量）

追问：k表示什么？（比值）

当比值一定，我们说x和y成反比例关系。

小结：x、y是两个相关联的量，当$xy=k$（一定），x和y成反比例关系。

（分三行板书）

2. 出示表格

奇思读一本书，已读的页数与剩下的页数的情况如下。

已读的页数/页	1	2	3	4		……
剩下的页数/页	79	78	77			……

（1）获取信息。

问：你能从表格中获得哪些信息？

预设1：已读1页，剩79页，已读2页，剩78页……

预设2：已读页数增加，未读页数随之减少。

问：还有什么发现吗？

预设：这本书一共有80页。

师：同学们，他有一个重大发现，是什么？（这本书有80页）

这本书的页数会发生改变吗？（不会）

什么是不变量？（总页数）

（课件出示：总页数一定）

什么是变化量？（已读页数和剩下页数）

现在请同学们带着刚刚的发现，思考：这两个量成反比例吗？把你的想法记录在学习单上。再与同桌交流。

（2）活动二：独立填表，再与同桌交流你的想法。

（3）汇报展示。

已读的页数/页	1	2	3	4	5	……
剩下的页数/页	79	78	77	76	75	……

预设1：

$1 \times 79=79$（页）

2×78=156（页）

3×77=231（页）

我认为：已读页数与剩下页数不成反比例，因为它们的积不相等。

小结："和一定"不是"积一定"，所以不成反比例。

3. 举例

（1）请举一个成反比例的例子，并与同桌交流。

（2）汇报。

（三）课堂小结

1. 对比正、反比例异同

师：这节课同学们对反比例做了更深入的学习。回顾我们学过的正、反比例，它们有什么异同吗？

预设1：相同点是都表示两个量之间的关系。

预设2：不同点是正比例的关键是两个量比值一定，反比例的关键是两个量的积一定。

问：正比例的关系式是什么样的？

预设：$\frac{x}{y}=k$（一定）（板书）。

还有吗？同学们还记得正比例的图像吗？预设：一条直线。

引出：反比例的图像就是图中这样的一条曲线。（板书：图像不同）

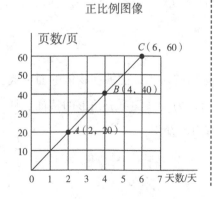

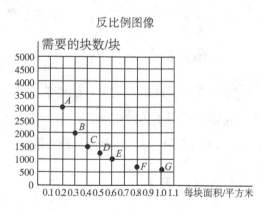

2. 分享收获

通过这节课的学习，你有什么收获吗？

【板书设计】

反比例（试一试）

x和y是两个相关联的量，

正、反比例关系式不同　$xy=k$（一定），$\dfrac{x}{y}=k$（一定）

《三角形分类》教学设计

刘育銮

【教材分析】

"三角形分类"这一内容，教材根据学生已懂得了角的分类，能区分直角、锐角、钝角、平角和周角这一基础，设计了给三角形分类的活动，放手让学生自己在给三角形分类的探索活动中了解和把握各种三角形的特征。按边分有等腰三角形和等边三角形，按角分有直角三角形、锐角三角形和钝角三角形。

【学情分析】

学生在学习此内容之前，已经学习了三角形的认识，能够在物体的面中找出三角形，学习了角的知识，认识了常见的角，为学生学习三角形的特征、从角和边的不同角度对三角形进行分类做好了有力的知识支撑。

【教学内容】

北师大版小学数学四年级下册第二单元第2课时。

【教学目标】

1. 通过分类活动，认识直角三角形、锐角三角形、钝角三角形、等腰三角形和等边三角形，体会每一类三角形的特点。

2. 在分类活动中，培养学生自主探索、观察分析、合作交流、动手操作的能力，进一步发展空间观念。

3. 在数学操作活动中，培养学生与人合作、交流的能力，并形成良好的学习习惯。

【教学重难点】

重点：认识直角三角形、锐角三角形、钝角三角形、等腰三角形和等边三角形，体会每一类三角形的特点。

难点：通过分类活动，体会每一类三角形的特点。

【教具准备】

8个学具袋（每一个学具袋内有用彩色卡纸做的9个形状不同的三角形）、3个信封、课件、学习单。

【教学过程】

（一）课前引入：（师生互动）

师：孩子们，刚才来了一位老朋友，看看他是谁？（课件出示三角形）

这位老朋友想带着它们整个家族的成员去参加图形王国的宴会，可是国王说必须让它们分好类才可以进入就座，它们想请我们帮它们解决这个困难，可以吗？（可以）

师：那好，这节课，老师和同学们一起来研究"三角形分类"。板书课题。

（二）探索新知——探究三角形分类

教师出示课件船形图：

师：这是一幅由多个不同三角形组成的一艘轮船图形，你们能把这些三角

形进行分类吗？（能）

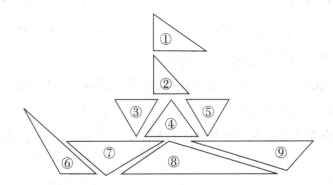

（三）自主探究，合作交流

1. 小组探究活动要求（每8人一个小组）

（1）请每个组的组长打开学具袋，里面有提前剪好的9个三角形，认真观察图案中的每一个三角形的特点，分一分。

（2）小组讨论三角形分类的依据，你们组是按什么标准来分类的？可以分成几类？每一类三角形有什么共同特点？

（3）根据你小组喜欢的方式进行三角形分类，并把对应的三角形粘贴到对应的报告单中。跟同学分享你的分享。

学生完成学习单，教师巡视，完成后，指名汇报。

2. 等边三角形与等腰三角形的关系

课件出示（自主探究，汇报结果）。

生：在按边分类时发现，有两条边相等的三角形叫等腰三角形，有三条边相等的叫等边三角形。

师：你们是怎样发现这里有等边三角形和等腰三角形的？它们有什么特征吗？

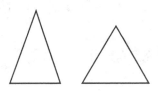

3. 学生汇报

（1）我们是通过折一折、用量角器量一量、比一比等方法得到的。

因为：等边三角形的三条边的长度都是相等的，而且三个角也相等。

等腰三角形的两条边的长度是相等的，并且两个底角也相等。

因此：等边三角形是特殊的等腰三角形。

（四）巩固练习

师：这节课同学们都学得非常认真，下面大家有没有信心挑战一下自己？

（有）

1. 找一找

第1题：让学生辨认各种三角形。（课件出示）

2. 猜一猜

被信封遮住的可能是什么三角形？

第2题：通过"猜三角形游戏"让学生体会到看到一个锐角，不能决定是一个锐角三角形，必须三个角都是锐角才是锐角三角形。（课件出示）

3. 判一判：（课件出示）

（1）三条边都相等的三角形一定是一个锐角三角形。（　　　）

（2）等腰三角形一定是等边三角形。（　　　）

（3）等腰三角形一定是锐角三角形。（　　　）

4. 画一画

在点子图上按要求画三角形。（见学习单）

等腰三角形　　　　　钝角三角形　　　　　直角三角形

《长方形的面积（试一试）》教学设计

卢锦婷

【设计理念】

估测是发展学生数感的重要手段，在实际生活中也有着比较广泛的应用，人们平时对面积进行估测的机会常常比精确测量更多。教材先提出"估一估"再"量一量、算一算"，主要目的是帮助学生加深对面积单位的体会并了解估测面积的方法。因此，在教学本课时要重视估测能力的培养，让学生经历借助参照物——用1平方厘米的面积单位估计其他平面图形的大小，从用面积单位估计平面图形的大小到估计立体图形的占地面积，提高学生的估测能力，同时发展学生的空间观念。

【教材分析】

《长方形的面积（试一试）》是北师大版小学数学三年级下册第五单元《面积》的第4课时，是前面学习《长方形的面积》的拓展与延伸。本课重视学生估测能力的培养，通过借助参照物——单位面积对长方形的面积进行估测，强调估测方法的多样与优化，并提高学生解决实际问题的能力。

【学情分析】

在学习本课之前，学生已经学习了面积单位和长方形的面积公式，而本课将引导学生运用已有的知识经验进一步学习新知——长方形面积的估测。对学生来说，估测长方形的面积是比较难的，而且生活中较难找到与单位面积相近的参照物，这无疑为学生的估测加大了难度。

【教学目标】

1. 经历探索长方形和正方形面积的估算过程，掌握长方形、正方形面积的估算方法，能够解决相关的实际问题。

2. 以单位面积为参照，估计长方形和正方形的面积，提高估测能力。

3. 在实践操作中讨论交流、积累经验，初步养成独立思考、勇于探索的习惯。

【教学重难点】

重点：掌握长方形、正方形面积的估算方法，能够解决相关的实际问题。

难点：借助参照物，估计规则图形的面积，提高估测能力。

【教学准备】

学习单、铅笔、尺子。

【教学过程】

（一）创设情境，激趣引入

略。

（二）探究新知，重视估测

活动一：估计卡纸的面积

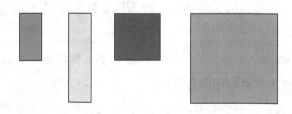

（1）估一估。

问题一：这四个图形，你能估计出它们的面积有多大吗？请在学习单上写一写。（如上图所示）

预设1：我估计不出它们的面积。因为我不知道它们的边有多长。

追问：为什么要知道它们边的长度？

预设1：因为长方形的面积=长×宽，正方形的面积=边长×边长，要求面积就必须知道它们边的长度。

预设2：我估计出来的面积分别是2cm²、4cm²、4cm²和16cm²。我跟指甲盖的大小比一比，看看这些图形有几个指甲盖，就可以估计出来了。

追问：为什么要借助指甲盖？

预设1：因为指甲盖的大小约1平方厘米，我们可以把指甲盖摆上去，看看可以摆几个指甲盖，这样就可以估计出它们的面积了。

预设2：除了摆指甲盖，还可以摆扣子，因为扣子表面大约1平方厘米。

师：你们说得太好了。我们可以借助指甲盖、扣子等这些参照物来估计这些图形的大小。但是每个人的指甲盖大小不同，而且扣子的大小也不都是1平方厘米。你们还能借助哪个参照物来估计呢？

预设1：我们可以用面积是1平方厘米的正方形来估计！

问题二：出示1平方厘米的正方形，估一估下面每个图形的面积有多大？

先独立思考，然后小组交流估测方法。

（2）量一量、算一算。

实际量一量，再算一算四个图形的面积，看看自己估算的结果对不对。

活动二：估计教室的面积

（1）四人小组交流：如何估计教室地面的面积。

（2）小组汇报：

预设1：先估计教室的长和宽，再利用长方形的面积=长×宽，计算出教室的面积。

追问：如果测量出教室的长约8米、宽约6米，那你能求出面积吗？

预设2：先数出教室的地面有多少块地砖，再用砖数乘一块地砖的面积。

追问：如果教室的地面约有47块地砖，每块地砖的面积是1平方米，那你会求面积了吗？

预设3：利用1平方米的纸张来估计。

追问：为什么不能用1平方厘米或1平方分米的纸来估计呢？

对比三种方法，为什么估算出来的结果会不同？

小结：如何估计长方形的面积？

可以先估计长方形的长和宽，再用公式计算出面积；

可以借助参照物的面积以小估大，把长方形平均分成若干个参照物，长方形的面积可以用参照物的面积乘它的个数。

（三）练习巩固，深化知识

1. 选一选

A. 1cm²　B. 1dm²　C. 1m²

（1）估计课桌面的面积，借助（　　　）的正方形来参照比较合适。

（2）估计客厅地面的面积，借助（　　　）的正方形来参照比较合适。

（3）估计橡皮擦表面的面积，借助（　　　）的正方形来参照比较合适。

2. 填一填

一张课桌面的面积，大约是（　　　）平方分米。

两块黑板的面积，大约是（　　　）平方米。

一块橡皮擦表面的面积，大约是（　　　）平方厘米。

3. 想一想，如下图所示

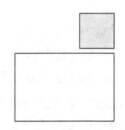

（1）估一估，下面的方格纸能摆多少个小正方形。

（2）如果长方形纸长6厘米、宽4厘米，最多可以剪多少个边长是2厘米的小正方形？

（3）如果长方形纸长5厘米、宽4厘米，最多可以剪多少个边长是2厘米的小正方形？

（四）课堂小结，回顾反思

这节课你有什么收获？

【板书设计】

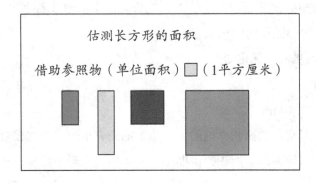

估测长方形的面积

借助参照物（单位面积）　□（1平方厘米）

《认识角》教学设计

陆木凤

【设计理念】

学生是学习的"主人"，新课程要求遵循学生学习数学的心理规律，强调从学生已有的生活经验出发，让学生亲身经历将实际问题抽象成数学模型并进行解释与应用的过程。《认识角》一课意在让学生主动地参与数学活动，并通过亲身实践、经历的过程，初步认识角。

【教材分析】

本节课是在学生已经初步地认识了长方形、正方形、三角形的基础上进行教学的。教材结合生活情境，引导学生从观察生活中的实物开始，逐步抽象出角的几何图形，通过学生的实际操作，加深他们对角的认识。学生能熟练地掌握这部分内容，将为学生进一步学习角的有关知识奠定基础。

【学情分析】

对于学生来说，在认识角之前，已经具备了有关角的感性经验。但是，低年级学生的认知规律是以具体的形象思维为主。这部分内容对于二年级学生来说比较抽象，接受起来较为困难。为了帮助学生更好地认识角，形成角的表象，笔者设计了一些贴近学生生活的数学活动，让孩子在实践活动中经过独立思考、合作探究去认识角、发现角，从而感受生活中处处有角。

【教学内容】

北师大版小学数学二年级下册第六单元《认识图形》中的第1课时《认识角》。

【教学目标】

1. 让学生经历从现实中发现角、认识角的过程，建立初步的空间观念，发展创新思维。

2. 通过找一找、做一做、比一比等活动让学生直观地认识角，感受角有大小。

3. 结合生活情境，感受生活中处处有角，体会数学与生活的密切联系。

【教学重难点】

重点：让学生初步地认识角。

难点：引导学生探索角的大小与什么有关。

【教具准备】

教师准备多媒体课件、活动角、蓝角和红角。

【教学流程】

（一）创设情境，引入新课

（1）通过猜图形的小游戏导入新课。（教师出示三角形的一小部分，让学

生猜一猜是什么图形）

（2）老师去掉其中一条边，就是"角"。

（3）板书课题：认识角。

设计意图：通过孩子感兴趣的小游戏导入新课，这样可以吸引孩子对新内容学习的极大兴趣。

（二）联系生活，探索新知

1. 找角——直观感知角

（1）课件出示教师带来的三份礼物，让学生找出藏在这三份礼物中的角，并指名到白板处指一指角在哪里。（教师注意动作的引导和示范）

（2）学生一边指，教师一边演示课件，并把角拉下来。

（3）小结：像这样的图形，我们把它叫作"角"。

设计意图：教学时教师利用学生已有的生活经验，让学生在剪刀、钟面、三角形纸等实物上找角，在直观认识的基础上仔细观察屏幕，利用多媒体动感演示，抓住角的本质属性，从实物中抽象出角的图形，使学生初步感知角的特点。

2. 认识角

（1）用小棒摆角

① 同桌两人用手中的两根小棒摆一个角，并摸一摸尖尖的地方，和两条边，说一说分别有什么感觉。

② 生汇报：角是尖尖的，两条边是平平的、直直的。

（2）角的各部分名称

① 播放动画，动画介绍角的各部分名称。

② 尖尖的部分叫作角的顶点，直直的两条线叫作角的边。在数学中，为了表示这是一个角，还会在顶点的附近画一条弯弯的弧线把角的两条边连接起来，然后在后面写一个1，表示这是教师画的第一个角。

（3）介绍∠1读作角1。（并和学生强调与小于号不同）

（4）角是由哪几部分组成的？

生：一个顶点和两条边。（板书并让学生用这种方法来标出刚才的三个角）

小结：角有一个顶点和两条边。

设计意图：通过摆角、摸角、画角使学生进一步认识角有一个顶点、两条直直的边的特点，让学生对角的认识更加深刻。

3. 画角

（1）（播放动画）同学们认真观察角正确的画法是怎样的，以及画角有哪些要求？并强调：画完后还会在顶点的附近画一条弯弯的弧线。

（2）画一个自己喜欢的角；学生用尺子和笔在纸上画一个角，并标出角的各部分名称。

（3）师问：画角应该注意什么问题呢？步骤是怎样的？（让学生说一说角的画法）

4. 找教室里的角

找一找教室里哪里有角，让学生来指一指。

5. 练习：判断角

同学们拿出作业报告单，判断哪些是角、哪些不是角，并说明理由。

（引导学生根据角有一个顶点和两条边的概念来说）

设计意图：通过练习进行巩固角的概念，知道角的组成。

6. 做一个活动的角

师：请同学们拿出角，和老师一起来玩，好吗？下面老师说口令，你们来变。把角变大，更大一些，变小，再变小一些，再变大一些，变小一些。从刚才的变大变小的活动中，你发现了什么？谁来说一说？

生：老师用手一拉，张口越大，角越大。

生：把两条边往外拉，张口越大，角越大。

小结：张口越大，角越大；张口越小，角越小。

设计意图：让学生在动手操作中，体会理解角的大小与边的长短无关，而与两边叉开的大小有关。注重培养学生自己动手、自己发现的能力。在比较角的大小时，能够就地取材，取之于学生，用之于学生，并且充分利用现代化教学手段，直观形象地让学生感知角的大小与边的长短无关。

（三）课堂总结

如果我是角。

师：学了这么多与角有关的东西，假如你是一个可爱的角，你能向大家介绍一下自己吗？学生介绍角。

生：角有一个顶点和两条边，角的大小与两边的张口有关，与边的长短无关。

师：介绍得真精彩。这些可爱的角，用处可大呢。

设计意图：联系实际生活，说出角在生活中的重要性，同时也加深了数学与生活的联系。最后再次将总结放给学生，让学生进行梳理、内化新知。

【作业设计】

1.在作业本上画一个角，并把画角的方法介绍给爸爸、妈妈。

2.完成知识与能力训练"认识角"。

【板书设计】

认识角

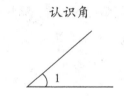

记作：∠1   读作：角1

角有一个顶点和两条边。

角的大小与两边的张口有关，与边的长短无关。

5B M3 Unit 7 Open Day 教学设计

关小意

【设计理念】

本单元是Module 3 Things we do的第一个单元，本单元的主题为Open Day，本单元教材指定的核心语言是First, they'll visit our classroom. 在单元整体设计理念的指导下，我们基于学生学情，整合教材内容，创设出校园Open Day的语境，让学生先认识学校开放日活动，然后制作自己学校的开放日活动海报，并进行开放日活动。

【教材分析】

英语课程标准中提出的要在教学活动中创设相对真实的语境为学生提供英语语用输出的机会，我们结合实际的教学需要，根据单元教学目标重新整合教学内容，对教材编排顺序做适当的调整，创设与Open Day相关的具体的语境，让学生在语境中反复感知语言，开展有效交流。学生经过三个课时的学习，能在教师的示范下，用英语描述事件发生的先后顺序，根据词语和例句的提示，写出简单的描述事件顺序的语句，形成初步的英语语段输出。

【学情分析】

五年级学生经过4年的英语学习积累，已学过school, classroom, library,

office, playground, toilet等与学校功能室相关的单词，并能在图片的帮助下，用简单的句子描述学校功能室的名称、特征和功能等信息。

【教学安排】

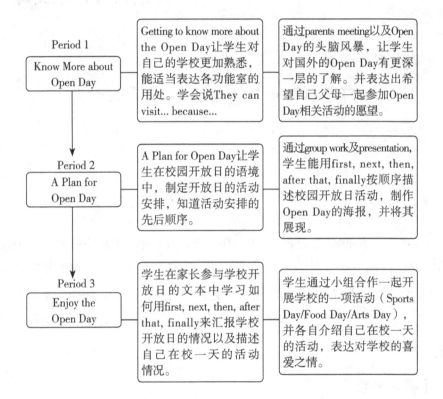

Period 1 Know More about Open Day	Getting to know more about the Open Day让学生对自己的学校更加熟悉，能适当表达各功能室的用处。学会说They can visit... because...	通过parents meeting以及Open Day的头脑风暴，让学生对国外的Open Day有更深一层的了解。并表达出希望自己父母一起参加Open Day相关活动的愿望。
Period 2 A Plan for Open Day	A Plan for Open Day让学生在校园开放日的语境中，制定开放日的活动安排，知道活动安排的先后顺序。	通过group work及presentation，学生能用first, next, then, after that, finally按顺序描述校园开放日活动，制作Open Day的海报，并将其展现。
Period 3 Enjoy the Open Day	学生在家长参与学校开放日的文本中学习如何用first, next, then, after that, finally来汇报学校开放日的情况以及描述自己在校一天的活动情况。	学生通过小组合作一起开展学校的一项活动（Sports Day/Food Day/Arts Day），并各自介绍自己在校一天的活动，表达对学校的喜爱之情。

【教学目标】

1. 能在校园开放日的语境中正确朗读本单元meet, school gate, art room, hall, finally, meeting room，show核心词汇。

2. 能在校园开放日的语境中听懂First, they'll visit our classroom. 的表达。

3. 能在校园开放日的语境中了解开放日的前期活动准备过程与开展过程。能在语境中准确使用first, next, then, after that, finally等英语表达。

4. 能正确读出字母组合air, are, ear在单词中的发音。

【教学课时】

5B M3 Unit 7 Open Day第三课时教学设计

【教学内容】

Look and read

【教学目标】

1. 能综合运用本单元的核心语言，对学校的教室以及可进行的活动进行简单的英语描述。

2. 在学校开放日的语境中，通过阅读学校开放日的文本，学会如何描述家长在学校开放日中的活动。

3. 在图片和关键词的提示下进一步拓展读—说—写的能力，引导学生完成家长在学校开放日中的活动的报告，并学会用表示顺序的副词描述事件。

【教学重难点】

重点：

（1）能听懂家长参与学校开放日的文本，并提取文本中的信息，了解如何描述家长在学校开放日中的活动和内容。

（2）能根据图片中的信息进行信息归纳，尝试在图片和关键词的提示下运用first, next, then, after that, finally等副词对家长的活动进行整体描述。

难点：

（1）在学校开放日的文本学习中引导学生对如何按顺序描述事件进行思考，学会归纳描述事件发生过程的内容，整理语言的逻辑顺序。

（2）能根据图片和关键词提示，尝试描述学校开放日的事件，并将相关语言迁移到其他类似事件中进行运用。

【教学过程】

步骤	目的	教师活动/方法	学生活动/学法	条件/手段
Pre-task preparations	通过问题复习旧知,为接下来描述家长参与学校开放日进行铺垫	Do some warming-up exercises 通过PPT展示,询问关于学校的教室与功能室的问题,复习巩固前面两个课时的语言知识。 What's this? What can you do in it?	回答关于学校的教室与功能室的问题	PPT呈现旧知语境中的问题
While-task procedures	1.通过上一课时的语境进入新课时的学习,呈现单元整体性。	1.Look and order 课件呈现第二课时中学生制作的Open Day家长邀请函,让学生通过观察邀请函用The parents go to...来预测家长的活动地点和顺序,并摆放黑板上的图片。	1.看邀请函,用The parents go to...表达家长活动地点以及将图片按顺序摆放。	1.PPT呈现上一课时的学校开放日邀请函。
	2.带着目的听录音,培养良好的听力练习习惯。	2. Listen and judge 播放完整的文本录音并让学生跟读,让学生判断图片的顺序是否正确。	2.通过听和跟读录音判断图片顺序是否正确。	2.PPT呈现录音内容。
	3.培养学生对于目标语言的敏感性,巩固对目标语言的运用	3. Look and read 呈现文本,突出文本中first, next, then, after that, finally等表示事件发生顺序的副词,巩固学生对于这些副词的理解和运用	3.巩固对first, next, then, after that, finally等表示事件发生顺序的副词的学习	3.PPT呈现文本,板书first, next, then, after that, finally等表示事件发生顺序的副词
Post-task activities	1.让有趣的方式呈现可选择的活动,调动学生参与活动的积极性	Group work: 1. Make a discussion PPT呈现文本最后一张图片,表达家长们	1.看PPT理解教师的信息。并观察转盘,喊停。	1.PPT展示图片和提示以及板书展示包含三项活

续 表

步骤	目的	教师活动/方法	学生活动/学法	条件/手段
Post-task activities	和主动性，投入其中，学有所获。	与教师在会议室商讨了一项重要的学校活动安排。PPT展示三项活动：学校运动会，学校美食日以及学校艺术节。转动转盘，让学生以小组为单位喊停，决定自己小组要商讨的是哪项活动。		动的转盘。
	2.教师布置四人小组活动，让学生运用之前的语言输入，在合作策略中进行语言输出。	2.Retell the story 教师提供关键信息以及引导学生以四人小组为单位用first, next, then, after that, finally 等表示事件发生顺序的副词进行活动安排的描述，并在学生有需要时提供帮助。	2.四人小组根据关键信息在教师的引导下口头表达活动安排。	2.PPT展示图片和提示。
	3.在展示活动中检查学生的语用，并培养全班学生在听他人表达中学习的良好习惯	3.Make a report Invite students to make a report 引导学生完成后并邀请准备好的学生以小组为单位上台描述活动安排	3.用目标语言描述活动	3.PPT展示活动图片
Homework	1. Listen and imitate the story. 2. Retell the story and record it. 3.Make a report of our school Open Day.			
Blackboard design	**Unit7 Open Day** Teachers ⟷ meet&talk ⟷ Parents guide Open Day visit (go to) the classroom the art room the hall the library Children show Welcome			

4B M1 Unit 3 Look and see 教学设计

林珣玲

【单元教学目标】

语用任务：能用不少于5句话对光影变化等大自然现象进行简要的口头描述及书面介绍，要求语句通顺，语法基本正确	
知识与技能	能在语境中正确理解和运用本单元的核心词汇：rise, noon, high, sky, evening, again, night, moon, him, stop。 能在语境中使用一般现在时的动词第三人称单数描述太阳、影子等在一天中的位置变化。 能正确拼读字母组合ph和wh在单词中的发音，并能迁移运用到其他含有ph和wh组合的单词拼读中。
文化与情感	通过阅读理解故事，认识影子的变化特点，培养学生仔细观察自然现象的习惯。 通过学习自然科学日月星辰的变化规律，帮助学生树立科学意识
方法与策略	通过情境教学、游戏教学、交际教学以及任务型教学法，培养学生自主发现问题的能力以及小组合作探究的意识。 利用角色扮演、表演故事，培养学生的口语交际能力以及表现力

【单元教学目标】

	Period 1	Period 2	Period 3
Objective 单课时 目标	在创设的故事语境中，学习辅音字母组合ph和wh在单词中的读音，感知其发音规律。 在语境中理解、学习并运用本单元核心词汇rise, take a walk, him, stop, shadow	能总结归纳字母ph和wh的发音规律，并说出更多含有ph和wh组合的单词。 能听懂、会说、理解并且运用单词rise, noon, high, again, night和句型The sun rises in the morning.来描述太阳和影子的变化	能尝试运用含有字母组合ph和wh组合的单词进行造句、创编歌谣。 能使用本单元所学核心句型描述一天中太阳及影子的变化

	Period 1	Period 2	Period 3
Objective 单课时 目标	在语境中理解、学习本单元核心句型，能用一般现在时的动词第三人称单数描述光影在一天中的位置变化。 通过学习Henry和它影子之间的故事，体会Henry对影子的认识从未知到悦知的过程	能听懂、理解、朗读、仿写listen and say的对话。能积极主动与同学合作表演对话。 能用一般现在时的动词第三人称单数对太阳、星星、月亮进行描述。培养学生仔细观察自然现象的习惯	动手制作教具，并描述，强化本单元句型
Topic 单课时 话题	Henry's new friend	The funny shadow	Magic shadow
Blackboard design 板书设计	4BM1U3 Look and see Period 1 Henry's new friend Who What Feelings Why takes a walk happy sees a black shape afraid → doesn't know the shadow plays with its shadow happy knows the shadow	4BM1U3 Look and see The sun and the shadow at noon goes down rises in the evening short in the morning long long no shadow at night	4B M1 U3 Look and see Magic shadow The sun rises… The shadow is…

1B M4 Unit 5 Food I like 教学设计

缪海宜

【指导思想与理论依据】

课程改革是当前实施素质教育战略的主旋律，为培养具有多元发展能力的21世纪新型人才，英语课程改革显得尤为重要。牛津上海版就是根据国家《英语课程标准》而编写的生动活泼、趣味性强、图文并茂、形象逼真的一套全新英语教材。本课程以培养学生发展核心素养为目标，教材通过学生感兴趣的话题激发他们学习英语的兴趣，培养英语语感，形成初步的英语口语交际能力和跨文化意识。

【教学背景分析】

（一）学生分析

一年级的学生处于学习英语的启蒙阶段，此时是培养学习英语兴趣的关键时刻，也是形成自信心的关键期，他们在接受别人的评价中能发现自身的价值。他们活泼好动，有极强的表现欲和求知欲，喜欢直观形象的学习内容，对动画、游戏、唱歌等活动充满兴趣，但注意力集中时间短、易走神。针对以上情况，如何把枯燥知识传授的课堂变成以游戏形式教学，使全体学生参与到游戏中来，让孩子在玩中学、在乐中学，这也是本节课的重点所在。

（二）教学方式与手段

在教学过程中，借助多媒体和人体器官，运用情景、听说、直观、活动等方法创设教学情景，用"导""引"方式去调动学生的积极性。让学生合作，自主学习，使学生在轻松、愉悦的氛围中达到学习目标。

（三）教材分析

本模块的学习主题是My favourite things。教材通过Toys I like, Food I like, Drinks I like三个主题单元帮助学生认识和了解身边熟悉的场景。运用toys, food, drinks的单词来描述在各种场景时所需的基本日常用语。本单元的教学主题是Food I like，学生在之前已经接触过Toys I like，在之后也可以在学习Drinks I like的时候获得巩固。

【教学目标】

（一）认知目标

（1）掌握单词jelly, ice cream, sweet, biscuit

（2）掌握句型Do you like ..? Yes. I like... / No. I don't like...

（二）能力目标

（1）通过学习，使学生掌握有食物的词汇。

（2）通过学习，使学生能根据情景做出反应。

（3）通过学习，使学生能仿照句型和老师、同学、父母、朋友做游戏。

（三）情感态度目标

通过小组学习Do you like...? Yes. / No.句型操练，培养学生与他人沟通、学会合作的能力。

（四）文化素养目标

通过对本节课的单词、短语、句型、交际用语的学习，培养学生表达自己喜欢或者不喜欢某物体的能力。

【教学重难点】

重点：

① 单词：jelly, ice cream, sweet, biscuit

② 句型：Do you like...? Yes. I like.. / No. I don't like...

难点：学习句型Do you like...? 表达时，注意食物名词后面的单复数形式的表达。

【教学过程】

Step 1 Let's enjoy

Step 2 Quick response

Step 3 Lead in the title

Step 4 Try to say

Showing some food and say:I like apples, what do you like?

【作业设计】

目的：巩固本节课所学知识。（根据自己的实际进行选择）

*1.学唱歌曲。2.运用所学句型调查家人对食物的喜好程度。

**1.学唱歌曲并进行改编。2.运用所学句型调查家人对食物的喜好程度。

【板书设计】

IBM2U5 Food I like

Do you like···?
Yes. I like ···
No. I don't like ···

jelly ice cream sweet biscuit

2B M3 Unit 9 My clothes 教学设计

王 昕

【教材分析】

本单元是英语（牛津深圳版）二年级下册Module 3 Things around us Unit 9 My clothes。话题与学生实际相关，符合学生的心理特点和年龄特点，符合小学生对周围世界的认识需求。本课时内容结合了二年级下册Unit 7 the Four Seasons 中有关季节和天气的表述，在学生已经对季节和天气有一定了解的基础之上，再增加选择合适的衣服，循序渐进地丰富学生的语言知识，实现学生认知能力和表达能力的提高。

【学情分析】

二年级学生经过一年多的学习，对英语的兴趣更为浓厚，掌握了基本的词汇和日常表达用语。学生能自主或在教师指导下回忆起旧知识，能比较主动地进行新旧知识的联结。部分学生能在此基础上进行拓展和延伸。学生对英语课堂中的各项活动，包括唱歌、猜谜语、表演等都有更深的理解和更浓厚的兴趣。

【设计思路】

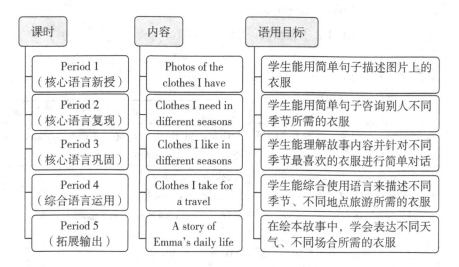

【教学目标】

1. 能正确运用本单元的核心词汇shirt, sweater, coat, trousers等对衣服的特征进行描述。

2. 能正确理解并运用核心句型In...（season）. It is...（weather）. I have...（clothes）. I like my/your ...（clothes）. It's/They're ...！对四个季节最喜欢的衣服进行描述。

3. 能运用听、说、读的语言技能来对本课知识进行输出，得到口语技能提升。

【教学重难点】

重点：

（1）重点单词：sweater, nice, warm, cool

（2）重点句型：

In ...（spring/summer/autumn/winter）

It's ...（hot and sunny/windy and cool ...）

I have ...（clothes）

I like my ... （clothes）

It's/They're ... （colour）

It's/They're ... （nice/warm/beautiful...）

难点：学生对语用的迁移和整合输出较为困难。

【教学过程】

步骤	目的	师生活动
组织教学及复习	承接上一课时话题，在问答中引入新课。	Review about the lesson topic of yesterday and know about today's lesson topic.
新知呈现与归纳	创设冬天寒冷的情景进行导入，Alice打了个喷嚏，为后面的故事做铺垫。	Lead-in Look at the picture. What's wrong with Alice? Kitty: You need more clothes. I can help you.
	学生逐步理解故事情节，感知sweater的物品特征。	Answer the questions How is this sweater?
	逐句播放录音，学生跟读模仿，教师进行语用示范，推动故事情节。	How does Alice feel now? Repeat and say
	讲书上句子进行拓展，发散学生思维，对小狗Sam的毛衣进行描述。	New sentences I like your sweater. It's...
	结尾故事创新，为小狗设计一句台词，巩固新学It's...的句型。	Answer the question If a dog can speak, what can Sam say?
	观看视频，整体感知，加深理解。	Watch the video Watch the video and know about the story.
	关于Alice和Kitty的歌曲欣赏，起到承上启下的作用	Let's chant

步骤	目的	师生活动
新知巩固 与活用	结合Unit 7学习的关于season的句子，学生在复习巩固中，增加新知，巩固操练4个季节学生最喜爱的衣服的对话输出	Think and say Answer the questions What season do you like? What clothes do you like in ...?
小结	整体总结，语用输出	Clothes I like
作业设计 及提交	综合运用本课知识，结合第一课时的绘画作业进行语用操练，趣味性强	Talk about clothes you like in different seasons.

科学与信息技术实践课例

《直线运动和曲线运动》教学设计

詹飞丽

【教材分析】

本节课是教科版三年级下册"物体的运动"模块中的第三课，前面已经研究了如何确定物体的运动和对各种各样的运动有了初步的认识，本节课将聚焦物体的运动路线，重点研究直线运动和曲线运动，为后面设计、制造、评价过山车做好铺垫。

【学情分析】

三年级孩子在生活中对于物体的运动路线有了一定的感性认识，大部分孩子用的是"弯弯的、直直的"，有个别孩子能够用"直线、曲线"这样的词汇来描述，但还不会使用"直线运动、曲线运动"等。他们有一定的观察和图画记录的能力。但是，他们缺乏综合分析和抽象思维分析的能力。

【教学目标】

1. 科学概念目标

根据运动路线的不同，物体的运动分为直线运动和曲线运动。

2. 科学探究目标

（1）观察、描述并判断物体的运动形式。

（2）能用图示记录物体的运动路线。

3.科学态度目标

（1）乐于探究、愿意跟同伴合作探究物体的运动形式。

（2）能认真观察实验现象、及时记录，并基于事实建构解释，开展交流研讨。

4. STSE目标

体会生活中物体的运动形式。

【教学重难点】

重点：引导学生理解物体的运动可根据运动路线的不同，分为直线运动和曲线运动。

难点：引导学生从单一到综合地去观察、描述、记录、研讨物体的运动形式。

【教学准备】

为学生准备：直线轨道、曲线轨道、蓝色小球、红色小球、桶、直尺。
教师准备：教学课件。

【教学流程】

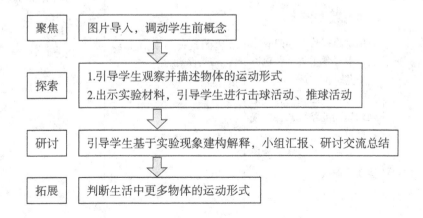

【教学过程】

环节	教师活动	学生活动	设计意图
聚焦 （2mins）	图片导入：这些车的运动路线有什么不同？	生1：有的是弯弯的，有的是直直的。 生2：有的是走直线，有的是走曲线	通过前概念的调查，获得学生认知水平，为探索环节作铺垫，引出对更多物体的运动路线的观察和描述，增强教学设计的实效性
探索 （31mins）	观察并描述物体的运动路线 师板书 击球活动 出示蓝色小球和红色小球，引导学生尝试直接用蓝球击红球。 再出示直线轨道和曲线轨道，引导学生尝试在轨道上用蓝球击红球。 师引导生用画图的方式记录球运动的路线，并巡视指导。 师引导生比较总结：直线运动、曲线运动。	生1上台：过山车运行、老鹰飞翔是弯弯的路线，曲线；台球、掉落的苹果、垂直电梯、自动扶梯是直直的路线，直线。 小组发现很难击中。 小组发现在轨道上比较容易击中。 小组发现球运动的路线跟轨道的痕迹有关，直线轨道：直线运动；曲线轨道：曲线运动。	通过引导学生进行比较，让学生初步学会用语言和图形来描述物体的运动路线，激发学生探索的欲望。 通过基于三年级学生年龄特点而设计的趣味性活动，让学生亲自体验，具体感知物体的运动形式。

续 表

环节	教师活动	学生活动	设计意图
探索 （31mins）	推球活动 师引导生预测：推出小球后，小球的运动路线。 出示微课：指导实验操作。 师引导生进行小组分工、交流、观察和画出小球在桌面滚动时和冲出桌面后的运动路线	生在预测的时候基本上认为小球在桌面滚动和冲出桌面的运动路线是直线的，所以会把桶直接放在桌子靠内侧底下。 在合作探究中，生会观察到小球的运动路线是先做直线运动后做曲线运动，形成强烈的视觉和思维冲突，画出以下路线：	通过画图的方式，提高学生的科学素养，促发学生像一位科学家一样去观察记录分析。 通过预测，引发学生对物体运动路线的思考。 通过实验现象和实验中小组画的图，让学生能基于事实建构解释，形成一定的科学思维和探究能力
研讨 （5mins）	击球活动在直线轨道时，小球的运动形式是怎样的？在曲线轨道呢？ 推球活动中，小球的运动路线是怎样的？ 根据物体运动路线的不同，物体的运动可以分为哪两种形式？	生根据刚刚的实验现象，会很坚定地说出：在直线轨道，小球是直线运动；在曲线轨道，小球是曲线运动。 生根据刚刚的实验现象，结合自己画的路线：小球在桌面滚动时是直线运动，冲出桌面时是曲线运动。 全体学生反馈：直线运动、曲线运动	归纳整理，共同发现，集体论证
拓展 （2mins）	出示视频：判断生活中更多物体的运动形式	生1：推拉式的厨房门是直线运动。 生2：开关教室门是曲线运动。 生3：荡秋千是曲线运动。 生4：翻书时，书的页面运动路线也是曲线运动	科学与生活息息相关，科学来源于生活，通过学生判断生活中更多物体的运动形式，使学生的科学思维得到发散，让学生学会知识迁移

【作业设计】

1. 思考：袋鼠的跳跃、蝴蝶的飞舞、火箭的发射、钟摆的运动、车轮的转动、踢出去的足球分别属于怎样的运动形式？

2. 如果把一块石头放在斜坡上，石头在斜坡上会是怎样的运动？

【板书设计】

1.3直线运动和曲线运动

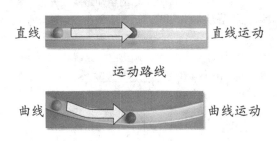

直线　　　　　　　　　　　直线运动

运动路线

曲线　　　　　　　　　　　曲线运动

《聪明的巡逻兵》教学设计

高凌霄

【教材分析】

本节课是根据广东教育出版社《信息技术》五年级下册第四课的内容，初步认知编程中的循环结构，学会利用这种结构编写简单的机器人程序，并能够在仿真平台上进行模拟测试和在实体机器人上进行调试。通过编写简单的程序使同学们的逻辑思维能力得到提升。

【学情分析】

教学对象为五年级的学生，通过之前的学习，学生已经对诺宝RC软件的基本操作有所了解，同时在上半学期的图形化编程学习过程中，对编程有了一定的概念，具备一定的逻辑思维能力和计算机操作能力。本课通过机器人完成巡逻任务创设有关的情景，激发学生解决问题的兴趣，引导学生认识多次循环结构，能灵活利用循环结构简化重复操作的程序。

【教学目标】

1. 知识与技能目标

（1）了解循环结构。

（2）学会任务分析，会计算规则图形机器人的旋转角度。

（3）学会运用多次循环模块编写程序。

2. 过程与方法目标

（1）创设与生活相关的场景，内容上环环相扣，任务上层层递进，充分发挥学生的主体作用和探索精神。

（2）采用微课的形式演示和讲解，使用问题驱动的形式让学生联系实践解决问题。

3. 情感态度和价值观目标

（1）让学生在自主编写的过程中体验成功，提高学生的编程积极性，培养学生的动手能力和创新精神。

（2）体验利用信息技术结合生活的乐趣和成就感，激发学生热爱信息技术的情感。

（3）提升学生的社会责任感，感激在疫情中不辞辛苦工作的人们，利用信息化的手段助力他们的工作。

【教学重难点】

重点：运用多次循环模块编写程序。

难点：学会计算规则图形中机器人的旋转角度。

【教学准备】

资源包（包括微课、示例程序等）。

【教学过程】

教学环节	教师活动	学生活动	设计意图
（一）情境导入、激发兴趣	1.热身小游戏 我说你做 "拍手""拍大腿" "拍手四下""拍大腿四下" 请你模仿诺宝RC的程序语言，将这些指令写出来 2.在上节课中我们学习让机器人学会了直行和转向，这节课我们需要机器人帮助我们进行巡逻，我们一起来看看有什么好方法。	思考：哪些模块是重复的？重复的次数是多少？ 学生思考解决问题的方法	通过小游戏，激发学生的学习兴趣。 引导学生认识将设想转化为程序语言的过程
（二）温故知新、学习新知	认识多次循环结构 打开上节课编写的正方形巡逻程序 	学生观察程序并回答问题 思考： 有哪些是重复的内容？ 这组动作重复了多少次呢？	通过回顾之前所学的程序，通过流程图理解循环结构的含义。 认识理解循环结构

136

教学环节	教师活动	学生活动	设计意图
（三）操作演示、答疑解惑	1.利用多次循环结构简化程序 微课视频演示，将正方形巡逻程序简化成为"多次循环"模块的程序。 任务一：简化程序。 开始 → 画笔 → 4次 → 直行 → 转向 → 结束 完成后，在仿真平台检测程序。 2.应用多次循环结构 任务二：应用循环结构绘制等边三角形巡逻程序。 学生先自主尝试编写，教师演示机器人旋转外角的度数，并引导学生总结规律：正多边形的旋转角度=360°÷边数。 任务三：根据正多边形旋转角度规律和循环结构完成正八边形巡逻程序	学生认真观看微课中教师的操作演示，学生依次操作完成任务。 当出现一些意料之外的问题，积极思考解决方案 45°	由于转向语句的设置和直行语句的设置方法是相似的，因此鼓励学生自行类比，培养学生的知识迁移的能力。 分析循环结构，让学生使用效率更高的循环结构，将程序语言简化。 利用本节课的所学知识点，创造出不一样的图形。考查学生对知识点的理解，以及让学生意识到学有所用

续 表

教学环节	教师活动	学生活动	设计意图
（四）巩固小结	总结本课所学的知识点和操作要点。 引导学生进行创作，根据本节课所学内容搭建不同路径的巡逻兵机器人，展示作品，表扬另辟蹊径绘制的复杂路径	巩固本节课的知识。 发挥奇思妙想，要求学生联系生活实际，搭建更多不同路径的巡逻兵机器人	培养及时梳理、归纳知识点的习惯。 肯定学生的学习成果。激发学生学习信息技术的热情

【作业设计】

利用循环结构，完成不一样的图形。

【板书设计】

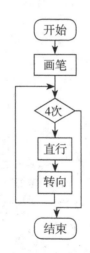

《走进戏曲——感受梨园春色》教学设计

邓 纯

【设计理念】

为了让学生得到生动活泼的发展，笔者遵循音乐教学的基本理念，精心组织开放而有活力的课堂教学，努力为学生享受音乐、表现音乐、创造音乐提供机会，做到以"音"为本，把"乐"贯穿始终。

【教材分析】

本节课选自广东教育出版社义务教育教科书《音乐》五年级下册第6课，中国戏曲艺术在中国特有的哲学思想影响下，经过近千年的不断革新与发展，形成了一套比较完整的表演体系及相对突出的中国式审美思想。

【学情分析】

本节课的对象是五年级的学生。他们有了一定的音乐基础，喜欢生动活泼有趣味性的教学形式。在课堂上乐于参与律动、集体舞、音乐游戏、歌曲表演等活动。

【教学目标】

1. 知识与技能目标：带领学生走进京剧的艺术殿堂，初步了解京剧的四大行当和四大基本功。

2. 过程与方法目标：在学习中，激发学生进行即兴式自由发挥的创造性活动。

3. 情感态度与价值观目标：提高学生的音乐审美能力，培养学生热爱祖国传统戏曲艺术的情感。

【教学重难点】

重点：在欣赏中感受戏曲的艺术魅力。

难点：掌握中国戏曲的基本常识，"四大行当"生、旦、净、丑，"四功"唱、念、做、打。

【教学过程】

导入

（一）聊戏、唱戏

教师与学生自由对话，了解学生对中国戏曲的认识与感受。

教师给学生唱了一段《苏三起解》。学生与教师自由对话，聊聊对戏曲的认识和了解。（如下图所示）

询问学生平时是否喜欢戏曲。同学们对戏曲的认识各不相同。说起咱们中国的传统戏曲艺术，那可是我国的国粹，至今已经有200多年的历史了。京剧最早形成于北京，2010年我国京剧被联合国教科文组织列入《人类非物质文化遗产代表作名录》。

活动一：简介戏曲行当和四功

1. 通过PPT课件介绍戏曲行当。

师：老师有让同学们课前查阅资料，戏曲里角色的划分叫作行当，你们知道戏曲分几个行当吗？（四个，生、旦、净、丑）（出示幻灯片，如下图所示）

师：那这四大行当分别有哪些特点？

2. 了解戏曲四功。

师：那么戏曲除了有四大行当，它还有四大基本功，请问分别是什么？
（唱、念、做、打）

师：我想听听同学们是怎么理解这个唱、念、做、打的。

（唱，就是咿咿呀呀的唱腔。念，是说话。做，就是表演，手、眼、身、法、步同时进行的表演。打，就是武打，京剧格斗和战斗的场面）

3. 学生之间相互分享自己所了解的生、旦、净、丑的特点以及四大基本功唱、念、做、打。

活动二：欣赏作品，区分传统京剧与现代京剧的特点

1. 欣赏京剧《铡美案》片段，了解传统京剧伴奏乐器的特点。

提问：戏曲《铡美案》片段是以什么乐器为主伴奏的？（民族乐器：锣、钹、大鼓、镲等，如下图所示）

2.欣赏京剧《梨花颂》片段，了解现代京剧伴奏乐器的特点。

提问：戏曲《梨花颂》片段是以什么乐器为主伴奏的？（西方管弦乐队）

活动三：欣赏戏歌《唱脸谱》，学唱其中片段

1.完整聆听，提问：歌曲里面唱了哪几个历史人物？（窦尔敦、关公、典韦、曹操、张飞，如上图所示）

讨论：歌曲哪段比较难唱？（副歌部分的最后一句）

2.学唱戏歌《唱脸谱》。（如下图所示）

3.学生随音乐完整演唱戏曲。

活动四：分组创作与表演

1.将学生分为四个小组，对戏曲进行简单的创作，表现戏曲中的人物特征。

2. 小组派代表上台来表演（教师提供事先准备好的京剧面具、服装和道具等让学生自由发挥）。（如下图所示）

设计意图：学生自己创编动作，将课堂还给学生，更好地发挥了学生的能动性。

活动五：延伸欣赏，你还听过哪些戏歌？

《贵妃醉酒》《北京一夜》等。

（二）课堂小结

（1）课程接近尾声，教师请学生说说对戏曲艺术有什么新的认识和看法。

（2）师总结：听了同学们的分享，老师特别欣慰，因为老师看到同学们也开始喜欢上我们中国博大精深的戏曲艺术了。的确，精彩的唱、念、做、打，结合了戏曲艺术鲜明的脸谱、一套套绚丽多彩的服饰与道具，给我们呈现了一幕幕流光溢彩的画面。希望同学们学完这一课继续关注戏曲艺术。老师相信，在今后学习中一定会获得更多的艺术享受。不仅如此，还希望同学们能够把中华戏曲艺术传承下来，发扬光大。

《金孔雀轻轻跳》教学设计

高跃阳

【教材分析】

1. 舞蹈内容

舞蹈《金孔雀轻轻跳》一课，属于花城版小学音乐三年级上册民族民间舞蹈元素综合表演课程。根据上学期音乐教材中《金孔雀轻轻跳》这首歌曲来创编舞蹈，来了解傣族的风格、特点和建筑等，进而表达对傣族的热爱之情。

2. 音乐内容

音乐选自儿童歌曲《金孔雀轻轻跳》。节拍为2/4拍。歌曲有着浓郁的傣族音乐风格，表现小孔雀优美的姿态和轻巧的舞步。

【学情分析】

本学期三年级学生初步学习了民族舞的动律，对舞蹈也有了一定的基础。根据这一学段的学生以形象思维为主，好奇、好动、模仿能力强的身心特点，结合学生熟悉的歌曲，采用视频、节奏、音乐、情景相结合等综合手段，进行引导，学习傣族小舞段，感受傣族舞蹈的魅力。

【教学目标】

1. 在舞蹈表现中，感受到音乐的韵律美和舞蹈的肢体美，体验舞蹈所带来的乐趣。

2. 在欣赏、示范、教授与合作等环节中，感受傣族舞蹈的风格特点，在舞蹈过程中增进同学之间的默契配合。

3. 学会傣族舞蹈《金孔雀轻轻跳》组合，能够自信地表现，并且用所学知识进行简单的造型创编。

【教学重难点】

重点：学习《金孔雀轻轻跳》组合，学生能够有美感地予以表现。

难点：膝关节屈伸动律与上肢动作的协调配合。

【教学准备】

PPT、葫芦丝。

【教学流程】

（一）导入

（1）同学们，你们知道吗？有这么一个地方。那里生活着许多可爱的动物，你能在那里找到各种珍稀罕见的热带植物。在这片富饶的土地上，有占全国四分之一的动物和六分之一的植物。是名副其实的动物王国和植物王国。这里更是少数民族的乐土。这就是西双版纳。那今天老师带来一段舞蹈视频，请同学们边看视频边猜猜是哪个民族的舞蹈。（如下图所示）

（2）没错，这就是傣族。今天我们就一起来学习一段优美动听的傣族歌舞。

（二）介绍傣族的风土人情

（1）傣族历史悠久，文化丰富多彩，有自己的历法、语言文字。傣族更是水的民族，他们喜欢依水而居、以水为伴。对水有着独特的热情和向往，在泼水节表达得最为热烈。人们以水祝福、以水消灾、以水净化灵魂。

（2）接下来，让我们再到傣族人居住的地方去看一看。在当地的楼房，傣族人把它称作竹楼。它的二层都是住人的。楼下用来堆放农具和饲养牲畜。它不但美观，而且还很牢固，还可以防潮防虫，防止野兽的侵害，并且经济实惠。

（3）从服饰上的不同，我们又可以将傣族分为"水傣""旱傣"以及"花腰傣"。

（三）欣赏演唱歌曲《金孔雀轻轻跳》

我们今天就一起跟随着美丽的孔雀，感受傣族歌曲的魅力。上学期，我们一起来学习了歌曲《金孔雀轻轻跳》。这首歌曲是非常适合舞蹈的。我们可以从歌曲中感受到傣族的经典节奏。那么，我们今天一起再次唱响金孔雀，一起来感受傣族歌曲的魅力吧。

（四）学跳舞蹈

（1）欣赏傣族舞蹈《雀之灵》。（如下图所示）

（2）模仿"孔雀"的动作。

① 你们能说说刚刚这位舞蹈家的哪些动作最像孔雀吗？

② 大家看，现在屏幕上有一只美丽的孔雀。老师给出了3个动作，你们能发挥自己无限的想象力，用你们灵巧的手将它模仿出来吗？

我们用"掌式"来表示"小卜冒"，四指并拢，大拇指打开立起。（傣族弯腰、按掌、划开拎起斜上举）

（3）根据歌词，创编舞蹈动作。

我们再学习一个步伐"小碎步"。双脚并拢伸直。半脚尖立起。脚掌交替

快速地移动，步伐平稳。原地进行。哪个动作适合这个动作？（下半身动作）

我们配合音乐，把上下肢配合在一起，完成表演。

同学们今天表现得非常棒，一下子就抓准了傣族特有的风格特点。那么，现在我们就跟随着优美的音乐，轻轻地跳起来吧！

（五）拓展

了解傣族乐器，教师吹奏葫芦丝歌曲《金孔雀轻轻跳》。

傣族不仅歌曲动听，舞蹈优美，他们的乐器也丰富多彩。风情万种的吹奏乐器，通天祈福的打击乐器，清脆甜蜜的弹拨乐器。多彩的乐器汇聚成多彩的傣族。（如下图所示）

今天老师也带来了一件傣族乐器，葫芦丝。大家一起聆听它美妙的音色吧！

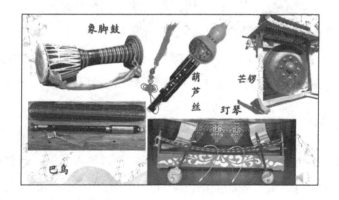

（六）结尾

一转眼，我们今天的傣族之旅马上就要结束了。今天我们不仅学唱了歌曲，学跳了舞蹈，更走近了傣族，了解到了许多傣族的文化。同学们，你们知道吗，随着社会的高速发展，我们的生活也随之变化，我们对祖宗传下来的文化也开始慢慢地淡忘。我希望通过这节课，可以给大家留下碎片也好，点滴也好，激发你们对传统文化的好奇。可以和父母一起走进历史，去记住我们的文化，记住我们的传统，记住我们的宝藏。

《不简单的筷子》教学设计

邓 欢

【教材分析】

本课例舞蹈内容根据吕艺生教授编写的《素质教育舞蹈》课程设计，在整个课程的设置上，充分考虑到小学生的生理特性并结合他们的心理特点，把知识性、训练性、娱乐性及表演的适用性有机地结合在一起。在动作上强调了素质教育舞蹈课程的多样性，来提高学生的观察与模仿能力、即兴与表现能力、交流与合作能力、创造与求新能力、综合与融化能力等，提高学生的艺术核心素养，使学生在德、智、体、美诸方面得到了协调发展。

【学情分析】

本学期三年级学生学习、了解了蒙古族舞蹈，学习了蒙古族舞蹈的基本动作，提压腕、硬肩、柔臂等。尝试创编过关于学生日常生活的造型以及连接动作，对创编课有了一定的基础。本课的教学对象是小学中年级段的学生，根据这一学段的学生以形象思维为主，好奇、好动、模仿能力强的身心特点，采用视频、节奏、音乐、情境相结合等综合手段进行引导，学生利用肢体，充分发挥想象力进行创编。

【教学目标】

1. 知识与技能目标：了解我国蒙古族的风土人情以及舞蹈的动作特点。

2. 过程与方法目标：通过观察、模仿与教授等方法，激发学生的民族舞学习的兴趣，提高学生的舞蹈表现力。

3. 情感态度与价值观目标：感受民族传统文化，在合作创编表演的过程中，体验与同伴合作、创编、交流的快乐。

【教学重难点】

重点：了解我国蒙古族舞蹈的动作特点。通过观察、模仿与教授等方法，激发学生的学习兴趣，提高学生的民族舞舞蹈表现力。

难点：利用造型创编、三维空间的创编法编创出具有蒙古族特色的筷子舞蹈。

【教学准备】

道具筷子、视频《万丽姑娘》、音乐《最美的天堂》。

【教学流程】

（一）谈话导入

教师出示筷子并提问：同学们，筷子是我们日常生活中必不可少的餐具，那你们能来说说你们对筷子的了解吗？（可从材质、形状、用途方面）

教师出示筷子图片，总结筷子文化。筷子长七寸六分，代表人有七情六欲，以示与动物有本质的不同。一头方一头圆代表天圆地方，圆头入口代表民以食为天。一双有两根，代表阴阳，两根相互配合，一中有二，二者合一。所以我们中华民族对筷子很有讲究，特别是蒙古族，他们用舞蹈表达了对筷子的特殊情感。

（二）新课教授

1. 初步了解筷子舞

观看蒙古族筷子舞视频《万丽姑娘》，初步了解筷子舞。

2. 造型创编

今天，老师也为你们准备了筷子。你们来尝试一下创编出属于自己的"筷子舞"造型。拿到筷子后，你们会摆出怎样的造型呢？

3. 造型连接

教师选出4位造型各异的学生。师：同学们，我发现这4位学生的造型最有特色，我们请他们上来摆一摆。你们能不能把这4个造型连接起来呢？

4. 教学活动

活动一：

师：刚刚同学们在欣赏的过程中，有没有发现，我们的筷子不仅可以舞动，还可以通过拍打身体的各个部位，击打出节奏，那么你们可以击打出怎样的节奏呢？

教师请学生表演，评价肯定，充分挖掘学生动作。（对学生的创编动作及时评价及肯定。挖掘丰富学生创编的动作。）引导学生加上蒙古舞的身体律动。

活动二：

师：同学们，你们知道蒙古族人民是非常能歌善舞的，牧民放牧之余常吆喝欢聚在一起，说拉弹唱，进行自我娱乐。我们今天也来体验一把蒙古包，围坐在一起跳起来。引导学生以小组为单位围成圆圈。

还记得老师说过的舞蹈中的三维空间吗？我们一起把单一的动作进行三维空间的变化，让动作更加丰富、更有舞蹈性。

（三）拓展知识

介绍广东的吃文化（筷子情感的传承）。（如下图所示）

（四）教学总结

归纳本节课学习内容，对学生的表现给予鼓励与肯定，引导学生关注中华传统文化，传承优秀的传统文化。

师：今天我们更深入地了解了蒙古族舞蹈，感受了蒙古草原的热情和风土人情，大家非常积极地参与创编了筷子舞，是不是发现创编课很有意思呢！希望大家能多感受民族传统文化、中华传统文化。

《变照片为黑白画》教学设计

范 健

【授课年级】

四年级。

【教学背景】

本课是岭南版小学美术第八册第9课《变照片为黑白画》，这一课的学习内容主要是通过引导学生欣赏、感受黑白画的美感以及了解变黑白画的不同方法，有目的地引导学生大胆地、自由地、无拘束地把照片变成黑白画；让学生体验变照片为黑白画的乐趣，感受黑白画的点、线、面以及黑白灰的层次，从而激起学生学习美术的兴趣。

【教材分析】

本课是岭南版小学美术第八册第9课《变照片为黑白画》，1课时，属于"造型·表现"学习领域，以生活中常见的照片为主线进行变，因为照片不仅可以给大家留念、珍存，而且也是一种艺术作品。课文的第一部分向学生展示了有趣的照片，以及照片转换成黑白画的"变"，激起学生动手制作的欲望。第二部分讲解了照片"变"黑白画的基本方法，主要让学生了解掌握如何"变"黑白画的方法，同时在"变"的时候举一反三，注意点、线、面的搭配，以及黑白灰的结合。第三部分是展示几个学生"变"出的黑白画，体验成功的快乐，激发学生学习各种"变"黑白画的乐趣。培养学生善于观察生活，让他们在生活中发现美、感受美、创造美，培养学生热爱生活的情感。

【教学目标】

1. 知道整体观察方法，感受概括黑白节奏的美感。

2. 基本掌握黑白画的基础知识和处理黑白关系的一些基本方法。

3. 如何把照片"变"黑白画，举一反三（画、计算机、纸等）。

4. 让学生在制作的过程中，想象力、创造力得到锻炼。

5. 能用一句话来分享黑白画的作品，养成积极观察生活和表现美好生活的良好习惯。

【教学重难点】

重点：如何把照片"变"黑白画，举一反三（画、计算机、纸等）。

难点：基本掌握黑白画的基础知识和处理黑白关系的一些基本方法。

【课前准备】

照片、黑色钢笔（油性笔、黑色颜料）、铅笔、画纸、教材、范画、示范用具、多媒体、课件等。

【教学课时】

1课时。

【教学过程】

（一）激趣导入

（1）视频：一段由彩色照片转换黑白照片再到黑白画的过程。

师：视频中发生了什么有趣的变化？

（2）同学们喜欢黑白画吗？

今天我们就一起来学习第九课，揭题——《变照片为黑白画》。

（二）新授

（1）欣赏课本的图片：对比课本中的照片和"变"出的黑白画，让同学们感受到黑白画的趣味。黑与白是绘画表现的基本因素，是两个极色。使学生对黑白画有初步了解。

（2）欣赏几对彩色照片"变"黑白画的作品。

（3）照片"变"黑白画可以怎么变？（先请同学回答，并举一反三来说说其他的方法）学生畅所欲言，在教师的引导下完成问题。

生：①绘画；②计算机；③木刻；④剪纸。

还有没有其他方法？举一反三。

（三）创作及展示、评价

1. 作业

（1）以照片为基础，画一张黑白画 。

（2）可以利用计算机，制作一幅黑白画。

2. 要求

（1）黑白画注意黑、白、灰层次。

（2）黑白画注意点、线、面的搭配。

（3）画完之后，能用一句话概括自己的作品。

3. 练习

教师巡视。

4. 展示

展示在黑板。

5. 评价

自评，师评，他评。

【板书设计】

9.变照片为黑白画

照片"变"黑白画可以怎么变？

1.绘画2.计算机3.木刻4.剪纸

注意：A.黑、白、灰

B.点、线、面

画出立体感

张小莉

【教材分析】

《画出立体感、空间感》一课是岭南版小学美术五年级下册第7课，属于"造型·表现"学习领域。《画出立体感》是第1课时，是让学生学习透视的基本知识，了解除了透视以外还可以用"垂线法""斜线法"等来表现物体的立体感。示范图展示多种几何形体由平面到立体，帮助学生理解先画出平面几何体，再加斜线、垂线、明暗和投影来表现物体的立体感。

【学情分析】

五年级的学生有一定空间感知能力，可以以自主探究的方式进行学习，让学生在小练习或者合作学习中找到方法，从而掌握这一节课的重难点。

【教学目标】

知识与技能：了解生活中透视现象的基本特征，学习表现物体的立体感。

过程与方法：结合生活实际，通过观察与体验，学习运用"斜线法""垂线法""投影法"来表现物体的立体感。

情感态度与价值观：养成留心观察周围环境的习惯，培养学生热爱生活、创造美好生活的情感。

【教学重难点】

重点：手绘表现物体的立体感。

难点：能自主表现生活中的画面，较准确地画出立体感。

【教学准备】

课件、Xara3D 6软件、基本形。

【教学过程】

（一）激趣导入

略。

（二）观察体验、实践探究

师：老师这里有三个图形，从你的角度看圆形发生了什么变化？现在老师考考你，你能画出这三个图形的立体感吗？把你们方案画在纸上。（如下图所示）

这种找出点引垂线下来的方法，我们给它起个名字，叫垂线法。

小练习：画出五角星的立体感。小组之间讨论怎么画出立体感，请一个学生上来画。（如下图所示）

教师小结：找出点引垂线，再画出各条边的平行线，看来，同学们已经很好地掌握了垂线法。

师：刚才我们画五角星和三角形时很多同学用了不同的方法，向上画的还是垂线吗？

生：不是。画的是斜线。

师：斜线一样能画出立体感，这种方法我们给它取个名字叫斜线法。（如下图所示）

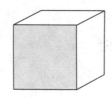

（三）教师示范

我是小莉老师，我把莉字的开头字母L变成立体的，你们也变一变自己名字的开头字母。

（四）师法名家，归纳方法

师：其实画出立体感还有很多种方法，我们来欣赏名家作品，画家用了什么方法来表现物体的立体感。（如下图所示）

生：用的是投影的方法。

师：今天学习了垂线法、斜线法及投影法，我们就用其中的一种方法来画一画，接下来我们画一下物体的立体感。

师：首先我们把生活物品归类。比如学习类、家电类。（如下图所示）

老师喜欢旅游，所以我把旅游装备组合成了一幅有立体感的画面。（如下图所示）

（五）作业

画出你喜欢的物体的立体感。

要求：画面构图要饱满、色彩丰富，较好地体现物体的立体感。

（六）展示与评价

请同学们说说自己画的作品。（根据作品的内容、构图等多方面进行评价，并学会欣赏他人的优点）

教师评价以及小结。

【板书设计】

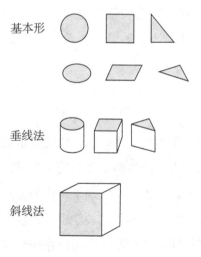

基本形

垂线法

斜线法

《剪团花，巧装饰》教学设计

杨贺然

【设计理念】

技术支持的课堂讲授，探究性学习活动，多技术融合教学的方法和策略。

【教材分析】

《剪团花，巧装饰》一课的侧重点是了解团花连续纹样的造型特点和基本构成规律，感受团花剪纸的形式美，本课以"学生与生活"为切入点，是让学生感受到一张小小的纸块，经过折叠、剪刻、镂空的设计造型，会得到意想不到的图形，让学生在百变剪纸乐园中体验民间剪纸的审美情趣，在有趣的纸工游戏中发展形象思维、动手能力和创造能力。教学时应注意启发学生找出团花剪纸图案的中心线，体验团花剪纸的艺术特点及基本构成规律，解决教学难点。

【学情分析】

本课的教学对象是三年级的学生，该生段的学生色彩表现力强，想象力较丰富，画画有了自己的观点，经过两年多的美术学习，对绘画的认识、造型和表现能力都有了很大的提高，也逐步掌握了一定的美术表现技法。在教学中贯彻"以教学为主导，以学生为主体"的教学理念，借助多媒体教学创设学习情境，通过视听结合，了解团花的要素、学习创作步骤等活动，引导学生自主探究学习团花剪纸的折法、剪法。

【课例名称】

岭南版小学美术三年级下册《剪团花，巧装饰》。

【教学策略】

讲授法、谈论法、演示法。

【教学目标】

1. 知识与技能：感知团花剪纸纹样的连续性、趣味性与实用性的特点，学习团花的设计与折剪方法。

2. 过程与方法：在欣赏与评述中，体会团花剪纸的审美情趣；在尝试与变化中，大胆创作不同纹样的团花剪纸。

3. 情感、态度、价值观：体验民间团花剪纸的审美情趣，探讨与传承民间剪纸的兴趣。

【教学重难点】

重点：能运用"折剪与镂刻"方法，设计制作上下、左右对称的团花纹样。

难点：能运用团花的重复构成规律，创作与众不同的团花剪纸。

【解决措施】

1. 通过对历史中各种团花所装饰的文物的认识，加深对团花图案的感知。

2. 对比总结团花图案的规律，认识图案中心点，通过规律进行折剪实践。

【教学准备】

多媒体教学课件、Photoshop、PowerPoint。

【教学过程】

教学环节	教师活动	学生活动	技术、资源（含平台与工具）	设计意图
情境导入	师：同学们，在我国有一条神奇的路，这条路连接了古代东西方文明，你们知道是什么路吗？ 生：丝绸之路。 师：丝绸之路途经新疆吐鲁番市，考古学家在这里发现了一个距今1500多年的历史文物。同学们猜猜看这件文物是用什么做成的？ 生："布""铁"。 师：其实呢，它是用纸做成的。这张纸经历了1500年，依旧可以看到精美的图案。 师：那么同学们能认出这里面剪的是什么吗？ 生："像人""猴子"。 师：没错，看来你抓住了猴子的特点，长长的尾巴和凸起的嘴。老师把残缺的纸片变回了原本的样子，可以看得出来这是一幅精美的剪纸作品，它叫作《对猴团花》。 	观赏图片，回答问题	多媒体平台、PPT课件	激趣，引出课题

教学环节	教师活动	学生活动	技术、资源（含平台与工具）	设计意图
情境导入	师：1500多年前的古人，在没有机器和计算机的帮助下都可以剪出如此富有创意的图案，那么我们今天就一起剪出漂亮的团花，装饰美化生活。 板书课题：剪团花，巧装饰			
课堂发展	师：团花图案类似圆形，在我国古代就有各种各样的圆形图案，我们都叫它团。比如，象征着长寿的团鹤纹样，以及出现在帝王服饰上的团龙纹，华丽而富有动感。 师提问：圆形有着什么样美好的寓意呢？ （学生通过对生活的认知大胆猜测） 师：人们常说"花好月圆""合家团圆"，圆形的纹样，在人们的心目中，象征着圆满完整、十全十美、吉祥如意。 师：团花的造型像花朵一样，并富有规律性，所以我们称这种图案为团花。 	观赏图片，回答问题，小组讨论	多媒体平台、PPT课件	认识团花图案自古以来的装饰地位。感受团花在中华传统文化当中的美好寓意。同时了解在剪纸艺术当中团花的美好寓意

续 表

教学环节	教师活动	学生活动	技术、资源（含平台与工具）	设计意图
课堂发展	师：距今2000多年的战国时期的青铜镜和汉代用于屋檐最前端的瓦片——瓦当就有着漂亮的团花纹样。 师：我国的世界文化遗产，敦煌莫高窟中的洞窟墙壁上，不仅有着各种神圣的佛像，还有众多色彩丰富的团花图案。同学们，你们发现了吗，这些图案像什么花? 生：莲花。 师：佛教把莲花看成圣洁之花，以莲喻佛，代表"净土"，象征"纯洁"，寓意"吉祥"。莲花因此在佛教艺术中成了主要的装饰题材。 随着当时佛教的广泛传播，莲花图案广为流行。 师：明清时期的青花瓷盘上也有团花的纹样。 			

续 表

教学环节	教师活动	学生活动	技术、资源（含平台与工具）	设计意图
课堂发展	师：团花不仅出现于古代的各种物体上，而且在节日上也有所体现，比如我们熟悉的中秋佳节，家家户户团聚在一起，赏月，吃月饼，而美味的月饼上面就印着团花图案。 师：每逢过年，家家户户都会贴上窗花，而窗花也就是团花。 师：团花的花纹不仅好看，还蕴含着美好的寓意。团花中的喜鹊站在梅花枝梢上，即组成了"喜上眉（梅）梢"的吉祥图案！同学们能看出这张团花里有什么东西吗，有着什么样的寓意？ 生：鱼！ 师：没错，是鱼和莲花。"鱼"与"余"谐音，"莲"与"连"谐音。即组成了"连年有余"寓意富裕有余的美好生活			

续表

教学环节	教师活动	学生活动	技术、资源（含平台与工具）	设计意图
探究与表现	师：刚刚我们看了各式各样的团花图案，那么请同学们小组探讨一下，这些图案中都有什么样的规律？（小组讨论） 生：花纹从中间向外散开。 师：没错，花纹都向四周散射，中间都有一个点。我们叫它中心点。 师：接下来，我们就通过剪纸的方式，把美丽的团花图案创造出来。怎么样才能剪出美丽的团花？ 师：首先，请同学们将发给你们已经剪好的团花作品折一折，试着复原成原来的模样。（复原作品探究折法，学生复原已经剪好的团花作品，每小组两个，组内探究讨论） 师：（接上学生自主复原团花后有的印象，开始教学团花的折法） 相信同学们，对剪纸团花的折法有了一些了解。那么老师今天就教大家一种折法，叫作对角四折法。 师：首先，将手中的纸角对角对折，请同学们时刻注意中心点的位置。再角对角对折，再角对角对折，再角对角对折，得到一个小三角形。	学生之前通过欣赏各类团花图案作品，对其有了一定的认识。 小组讨论，认识团花图案的中心点的意义，认识团花图案是中心对称的图形。 学习剪纸团花的折剪方法。 对剪纸团花的外形进行小练习活动，向富有创新思维的同学学习。 创作属于自己的剪纸团花作品	多媒体平台、PPT课件、折剪完成的剪纸团花作品	通过对各种团花图案的了解，引导学生观察总结图形规律，通过发现的规律进而创作，体验剪纸乐趣

续 表

教学环节	教师活动	学生活动	技术、资源（含平台与工具）	设计意图
探究与表现	 师：接下来，我们来看一下如何剪出团花的外形。（播放录制好的剪纸示范） 看完团花外形的剪纸示范视频后，巩固学生的理解，设计一个外形连线练习。 连一连 边线弧度不同，团花圆度不同。 师：请同学们根据刚才对团花外形的理解，试着先剪出一个团花的外形吧。（小练习） 点评学生小练习，鼓励大胆创新的外形作品。 师：那团花里面的花纹我们要怎么剪呢？ 师：老师只用三角纹就剪出了造型各异的团花。 你更喜欢哪一个团花，为什么？ 这些花纹都应用了大小的对比，疏和密的对比。 师：除了三角纹，你们还认识哪些花纹呢？ 生：月牙纹。 师：试想一下，如果我们用这么多种的剪纸花纹剪出的团花会是什么样子呢？			

教学环节	教师活动	学生活动	技术、资源（含平台与工具）	设计意图
展示与评价	师：小小的剪纸团花，蕴含着美好丰富的寓意！有哪位同学说说你的剪纸作品蕴含着什么祝福？ 生：我希望祖国越来越好，花好月圆、繁荣昌盛！ 师：老师从同学们的剪纸团花中感受到大家对祖国和党的热情及美好的祝愿。其实在我们现在的生活当中，团花依旧是受百姓喜爱的装饰图案，在室内装饰的屏风中、包装袋中、家里的沙发抱枕甚至衣服上都有团花的图案，通过这节课的学习，希望同学们可以对中华传统文化多多了解，从平时生活中就可以加以认识学习	张贴学生作品，分享创作心得，看看谁的团花剪纸富有创意	多媒体平台、PPT课件	分享作业评价，升华课堂

课外活动的小伙伴

李 静

【教材分析】

本节课的教材是面向小学三年级学生的，属于"造型·表现"的类型。本课要求运用叠贴拓印纸版画的方式，表现课外活动的小伙伴。用一个特殊的绘画艺术形式来展现学生丰富有趣的课外活动。经分析，教材中讲述的叠贴拓印纸版画属于常见的美术四大门类之一，即版画类，但学生对版画类型的知识了解较少，需要为学生解读这样一类绘画艺术，笔者引入了一定的基础版画知识，为学生增添美术知识储备，对培养学生全面的美术核心素养能力很有必要。

【学情分析】

目前，三年级学生对美术的门类要有基本了解，以课程内容为主线，认识美术的门类作为辅材，全面完善美术知识。这节课，课程主线中，除掌握基本的构图能力外，作品还应体现一定的故事性，版画丰富的内涵要求学生在一定程度上学习理解这类绘画艺术，同时培养出一定的实践能力。以课外活动为题，往往能让学生设计比较有意思的内容。基于此，可以大胆让学生尝试叠贴拓印。

【教学目标】

1. 知识与技能：

（1）了解人物"休闲"和"运动"的活动动态和认识什么是版画；

（2）能运用"叠贴拓印纸版画"的方法，表现课间休息和课外活动的人物的动态。

2. 过程与方法：

（1）在欣赏活动中，大胆想象课外活动的小伙伴的动态；

（2）在教学探究中，掌握"叠贴拓印纸版画"的制作方法；

（3）在版画的情感表达中，学会体现作品意义和提升情感价值。

3. 情感、态度、价值观：

（1）感知课间运动也是积极的休息，体验同学之间融洽相处、彼此接纳带来的快乐；

（2）对"叠贴拓印纸版画"产生兴趣；

（3）版画的意义及收藏价值。

【教学重难点】

重点：以制作叠贴拓印纸版画，表现课外活动的小伙伴。

难点：叠贴拓印纸版画的印制。

【教学准备】

PPT课件、版画用具。

【教学过程】

（一）设疑导入

同学们，下课了，让我们一起来做喜欢的课外活动吧！猜一猜以下是什么课外活动。小女孩在干什么呢？她在放风筝。（如下图所示）

这个迈着大步伐、摆动双臂的动作一定难不倒你！他在踢足球。（如下图所示）

今天让我们用纸版画的形式来表现课外活动的小伙伴吧！

（二）小练习：你画我猜

同学们，请把你喜欢的课外活动的道具画下来，让同学们猜一猜是哪项有趣的运动。

这些是同学们最喜爱的球类运动器具。相信同学们都能快速把它们画出来。（如下图所示）

水上运动好玩有趣，但同学们一定要注意安全。这是什么运动器械？是轮滑的器械。

不仅轮滑需要护具，滑板车、自行车也需要，课外运动给许多小伙伴带去了欢乐。（如下图所示）

运动场上同学们你追我赶，艺术舞台上也有同学们的身影。

传统文化活动的悄然复兴，不仅锻炼了同学们的身体，还能传承中华优秀文化。（如下图所示）

（三）学习如何表现运动的人

丰富多彩的课后活动让我们身心愉悦，同学们，知道我们人为什么能做那么多动作吗？一起来了解一下我们自己的身体吧！

头

躯干

四肢

关节

我们借助木偶人和小男孩了解身体特征。人分为头、躯干和四肢。头上有五官，躯干上有胸、髋。四肢分为手、腿，手分为大手臂、小手臂、手掌，腿分为大腿、小腿、脚掌。这些肢体都被关节连接着，关节的扭动决定我们的动作。（如上图所示）

接下来我们就来扭动木偶人的关节，让他们活动起来。（如下图所示）

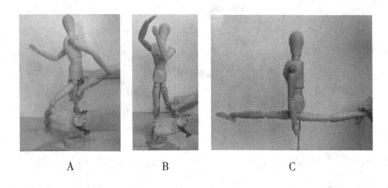

A   B   C

A推开大手臂，抬起小手臂，迈开大腿，弯曲小腿，一个跑步的动作就诞生了。

B一高一低举起双手，双腿朝后微弯，这个向上弹跳的动作你熟悉吗？这是投篮的动作。

C双腿和脚掌分别向前后绷直，双手打开与肩膀持平，这是跳舞高手们都会的劈叉动作。

同学们你们是不是也想试一试，那就找找家中的玩偶试试吧！（如下图所示）

女孩子的芭比娃娃，男孩子的机器人一定会做出你想要的所有动作。掌握你想表现的动作后，再来画人物的动态就非常简单了。

（四）如何让画面富有艺术情节

有故事情节的画面才是优秀的作品。

这幅表现自己骑自行车的画面，看上去很普通。（如下图所示）

加上爸爸、妈妈，故事情节就有了：《爸爸教我学骑车》《妈妈我能行，你的手可以放开了》。（如下图所示）

骑车摔倒了，一个特别有戏剧冲突的画面，给人印象深刻。（如下图所示）

即使跌倒，你的臂弯永远是我依靠的港湾，画面充满了亲情。

老师也不禁想起自己小时候的课外活动来，我小时候是个轮滑高手。我的第一个构思是，冲在最前面的我，以及在后面紧追不舍的小伙伴们。（如下图所示）

我的第二个构思是，一不小心摔倒了，后面的小伙伴没有超过我，而是停下来扶我起来。友谊第一，比赛第二，伙伴情弥足珍贵。

同学们，一个富有故事情节的画面才能真正打动观众，你的构思是什么呢？

（五）用版画的形式进行创作

制版   滚墨   印制

我们来复习一下版画常用的版画工具。（如上图所示）

油墨滚筒：它可以将颜料均匀地滚到版上。

蘑菇锤：将版上颜料压印到纸上。

在学校我们有专业的版画工具，上色会用到版画油墨、滚筒、蘑菇锤等。

由于疫情同学们在家很难有这些专业的工具，但是没关系，我们家中很多东西都可以拿来当替代品，一样可以创造出精美的艺术品，跟着老师一起来。

（六）创作素材

宝安沙井的同学们对生蚝一定不陌生，可以用版画的方式来记录你与生蚝的故事。

同学们，我们周围的环境影响着我们的生活，我们也可以用今天学的方法把他们记录下来。

居住在龙岗区的同学们，大鹏所城是不是留下过你们许多欢声笑语？

光明农场里有很多可爱的小动物，你是否曾经喂过他们吃小草？

再来看看其他同学的作品（如下图所示）：

【作业设计】

用黑白纸版画的制作方法表现自己和小伙伴们的课外活动场景。

【板书设计】

课外活动的小伙伴

运动道具

人物动作

制版过程

《我们的大花瓶》教学设计

龚德轩

【教学目的】

1.感知古陶瓷花瓶造型美、装饰美的特点；

2.感知对称剪纸和阴刻剪纸。

【教学内容】

能用对折法剪出有装饰花纹的大花瓶。

【教学重难点】

重点：探讨对称剪纸和阴刻剪纸的方法，剪出有花纹图案、造型美观的大花瓶。

难点：感知古陶瓷花瓶的美及价值，感知阴刻纹样设计制作方法。

【兴趣点】

中国古陶瓷的美及价值；剪开后张开左右对称的花瓶，外形独特美观。

【观察点】

花瓶的造型美、装饰美的特点。

【课时安排】

2课时。

【教学准备】

教师准备好课件、学生准备好学习用品。

【教学过程】

（一）导入（设疑提问导入）

老师告诉大家，这只陶瓶距今大约有七千年了。我们的祖先真聪明，这只陶瓶不仅外形好看，上面的花纹也很有特点。制陶业经过几千年的发展，技术越来越先进，中国人发明了瓷器，瓶子已经从以往的装酒装水的器皿演变成装饰陈列品。这是明代的花瓶，距今500多年，拉近看，镂空的部分技艺精湛，下面还有五彩的花纹。（如下图所示）

（二）探讨中国古陶瓷瓶的审美价值

同学们，我们现在上小学二年级，你们几岁啦？爸爸妈妈呢？爷爷奶奶多大年纪啦？

这只清代的宝瓶在国外的一次拍卖会上拍出亿元天价（如下图所示）。外国人非常推崇我们的瓷器，他们认为能有一件精美的中国瓷器是件非常值得骄傲的事情。

这两只瓶子虽然年代不同，但外形很相似。外形上有哪些相似的地方？

（三）认识对称图形

从中间用一条中轴线分开，左半部分和右半部分重合起来后，形状一样，这样的形状叫对称形，生活中还有哪些对称形？（如下图所示）

今天我们学习剪对称形的花瓶。板书，"我们的大花瓶"。

（四）剪花瓶外形

同学们已经跃跃欲试了，我们来个小比赛：在1分钟内剪一个花瓶，尽可能大，看谁剪得又大又快又好。

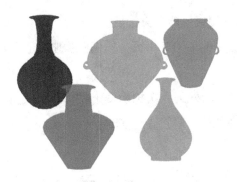

时间到，请组长将剪刀收好。

我们来看看大家剪的花瓶（如上图所示）。你们喜欢哪一个？为什么？

（五）欣赏各种瓶子

同学们剪的花瓶各有特色，老师也带来了一些花瓶，你们看：

这些瓶子还有名字呢，猜猜叫什么。（如下图所示）

通过欣赏这些瓶子，我们知道，一般人们会把瓶子分成瓶颈、瓶身、瓶脚三部分，同学们发现什么啦？

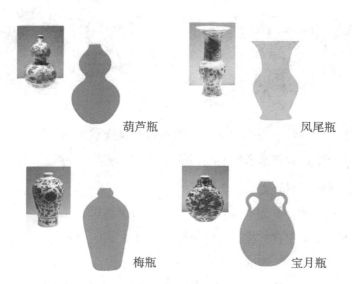

葫芦瓶　　　　　　　　　凤尾瓶

梅瓶　　　　　　　　　宝月瓶

学生：随着瓶口、瓶身、瓶脚的变化，瓶子的外形也发生了变化。（如下图所示）

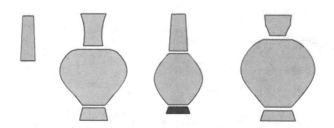

（六）学剪花纹

同学们剪的这些瓶子，有的高、有的矮、有的胖、有的瘦，各有各的造型美。老师认为你们也很真了不起，都是小艺术家。不过，只有漂亮的外形是不够的，加上花纹会让瓶子更有欣赏性。

让我们从民间剪纸艺人身上学习，这是一张生肖龙的剪纸，找找民间剪纸上都有哪些漂亮的花纹。（如下图所示）

月牙纹、锯齿纹、三角纹，还可以将这些纹样重新组合形成新的花纹。还可以利用我们学过的基本形如圆形、菱形、心形等进行装饰。

我来试着给这只瓶子装饰上花纹。

瓶口较宽，所以我想在瓶口装饰上横着的锯齿纹，先横着剪一刀，然后左一下右一下，尽量左右对称，瓶口与瓶颈间用月牙形分隔开。

瓶颈，我用大小不等的三角形装饰。

瓶身，我用柳叶形的组合形装饰，因为瓶身有弧度较圆滑，随形走线，我剪一个长长的月牙形，与上面的瓶颈和下面的瓶脚分隔开。

瓶脚较短，我只用简单的一个长月牙形来装饰。看，有花纹的漂亮的瓶子剪好了。

还可以怎样装饰瓶子？

花纹有粗有细、有长有短，这样的纹样装饰瓶子才好看。

接下来，就看同学们一展身手了。

可以为刚才已剪好的瓶子装饰花纹，也可以重新剪一个你喜欢的外形来装饰。

（七）讲评

略。

（八）小结

同学们，"中国"的英文叫"CHINA"，知道翻译成中文是什么意思吗？是瓷器的意思。

【板书设计】

课堂作品呈现 博古架	我们的大花瓶 对称　夸张　变形　学生小练习展示